中华优秀传统文化
与高校英语专业教学研究

汪 珣 ◎著

中国书籍出版社
China Book Press

图书在版编目(CIP)数据

中华优秀传统文化与高校英语专业教学研究 / 汪珣著. -- 北京：中国书籍出版社, 2024.6. -- ISBN 978-7-5068-9933-8

Ⅰ. K203；H319.3

中国国家版本馆CIP数据核字第2024MW7692号

中华优秀传统文化与高校英语专业教学研究

汪　珣　著

丛书策划	谭　鹏　武　斌
责任编辑	毕　磊
责任印制	孙马飞　马　芝
封面设计	博健文化
出版发行	中国书籍出版社
地　　址	北京市丰台区三路居路97号（邮编：100073）
电　　话	（010）52257143（总编室）　（010）52257140（发行部）
电子邮箱	eo@chinabp.com.cn
经　　销	全国新华书店
印　　厂	三河市德贤弘印务有限公司
开　　本	710毫米×1000毫米　1/16
字　　数	234千字
印　　张	14.5
版　　次	2025年1月第1版
印　　次	2025年1月第1次印刷
书　　号	ISBN 978-7-5068-9933-8
定　　价	95.00元

版权所有　翻印必究

目 录

第一章　中华优秀传统文化概述　　1

　　第一节　文化与中华优秀传统文化　　2
　　第二节　中华优秀传统文化的价值意蕴　　9
　　第三节　中华优秀传统文化的内容精髓　　14
　　第四节　中华优秀传统文化在当代传播的重要意义　　21

第二章　高校英语专业教学　　25

　　第一节　高校英语专业教学的内涵　　26
　　第二节　高校英语专业教学的目标与现状　　35
　　第三节　高校英语专业教学的理论依据　　43
　　第四节　高校英语专业教学的创新模式　　54

第三章　中华优秀传统文化融入高校英语专业教学　　60

　　第一节　高校英语专业教学中的"中华文化失语"现象　　61
　　第二节　中华优秀传统文化融入高校英语专业教学的现状　　63
　　第三节　中华优秀传统文化融入高校英语专业教学的意义　　67
　　第四节　中华优秀传统文化融入高校英语专业教学的策略　　70

第四章 中华优秀传统文化融入高校英语专业课程的设计 87

第一节 高校英语专业课程的需求与设计现状分析 88

第二节 中华优秀传统文化融入高校英语专业课程设计的原则 95

第三节 中华优秀传统文化融入高校英语专业课程设计的方法 99

第五章 中华优秀传统文化融入高校英语专业教学的方法革新 104

第一节 任务型教学法在高校英语专业教学中的应用 105

第二节 项目式教学法在高校英语专业教学中的应用 109

第三节 产出导向教学法在高校英语专业教学中的应用 116

第四节 成果导向教学法在高校英语专业教学中的应用 120

第六章 中华优秀传统文化融入高校英语专业教材的建设 126

第一节 高校英语专业教材建设的现状 127

第二节 中华优秀传统文化融入高校英语专业教材建设的原则 131

第三节 中华优秀传统文化融入高校英语专业教材建设的方法 135

第七章 中华优秀传统文化融入高校英语专业教学评价的多元化 140

第一节 高校英语专业教学评价概述 141

第二节 中华优秀传统文化融入高校英语专业教学评价的原则 151

第三节　中华优秀传统文化融入高校英语专业教学的
多元化评价　154

第八章　中华优秀传统文化视野下高校英语专业教师的素养发展　161

第一节　高校英语专业教师的发展理念　162
第二节　高校英语专业教师的文化素养　167
第三节　高校英语专业教师文化素养的发展路径　174

第九章　中华优秀传统文化视野下高校英语专业学生的思辨能力培养　177

第一节　高校英语专业教学中的学生思辨能力　178
第二节　高校英语专业学生文化思辨能力培养的影响因素　184
第三节　高校英语专业学生文化思辨能力的培养策略　188

第十章　中华优秀传统文化视野下高校英语专业教学的发展趋势　195

第一节　课程思政理念的融入　196
第二节　智慧课堂的构建　198
第三节　AI、AR、VR技术的应用　206
第四节　学生知识图谱的构建　216

参考文献　219

第一章 中华优秀传统文化概述

文化对于民族，犹如生命之于人民。中华优秀传统文化历经风雨而传承不断，蕴含着丰富的民族智慧与道德理想，集中展现了五千年中华民族的精神风貌，成为维系中华民族延续发展的根本与灵魂。一直以来，中华优秀传统文化受到党和国家的高度重视。特别是自十八大以来，在文化自信的理念推动下，弘扬中华优秀传统文化成为实现文化强国的必然选择，也成为关乎民族复兴的重大课题。深入挖掘其文化内涵，丰富广大民众的精神世界，提升文化自信，成为当前的重要任务。以下基于文化与中华优秀传统文化的内涵，探究中华优秀传统文化的内涵、价值意蕴、内容精髓以及传播意义。

第一节　文化与中华优秀传统文化

一、文化

文化，作为一个深厚的学术概念，可以根据其核心内涵从双重角度加以阐释。

一方面，可以从其动词属性来阐述，该视角下的文化强调一个过程，其核心是对"化"的实践，其中，"文"被视为"化"的基石和手段，意味着通过"文"这一工具，实践者可以引导对象向期望的方向转变，在这种理解下，文化不仅仅是一个名词，更是一个动态的过程，一个使对象发生变化的工具。《周易》是中国最古老的一部卜筮之书，《贲卦》是《周易》中的一卦，最早使用"文化"一词，原文说："刚柔交错，天文也。文明以止，人文也。观乎天文，以察时变；关乎人文，以化成天下。"①《贲卦》的卦辞用"刚柔交错"来描述天文现象，即天地间的阴阳二气交互作用；用"文明以止"来描述人文现象，即人类社会的文明和秩序。由此可见，文化在此文中的解读是通过教化培养人们。随着时间的推进，"文"与"化"这两字结合得更加紧密。例如，西汉时期的刘向在其作品《说苑》中阐明："圣人之治天下也，先文德而后武力。凡武之兴，为不服也，文化不改，然后加诛。"②从古代这些经典文献不难看出，古人认为应该以文化人、以文育人，这也反映了当时社会对于治理天下的理想和追求。在西方的语言体系中，文化用英文表述为culture，此词转译为汉语后，主要涵盖了"文明、文化修养、栽培"等词义。因此，culture这一词汇在英文中不仅包含教化与文化涵养的概念，还融入了对文化个体的认识。马修·阿诺德（Matthew Arnold）是19世纪英国的重要文化评论家、诗人、教育家，他强烈主张文科教育的价值，认为文学和

---

① 姬昌.周易[M].东篱子，译注.北京：北京时代华文书局，2014：91-93.
② 刘向.说苑（下）[M].萧祥剑，注译.北京：团结出版社，2021：518-548.

艺术是培养人们道德和社会责任的关键，这一观点在他的《文化与无政府状态：政治与社会批评》一书中表达得淋漓尽致，阿诺德对于"文化"的定义是历史上最经典的定义之一，他认为文化是"追求我们的整体完美"和"对知识的研究，用于完善我们的自然、消除我们生活中的粗鄙无知"，[①]此论述揭示了文化作为动词时的深远意义。

另一方面，从文化的名词属性进行考量，其核心着重于"文"，《辞海》（2020年版）对文化的名词性解读提供了广义与狭义两种解释维度。在宏观的层面上，文化被解读为人类创造的物质和精神两方面财富的集合，而在微观的维度中，更多地代表人类所产生的精神遗产，并为个体提供行为指引。[②]

二、传统文化

（一）什么是"传统"

在我国古代，"传"和"统"在古代汉语中是两个不同的词汇。"传"的本义是传授，引申为传承、流传、传记、传奇等。在古代文献中，"传"常用来表示对经典、历史、礼仪等知识的解释和传承，如《论语传》《史记传》等。同时，"传"也指一种文体，如《左传》《水浒传》等。而"统"有承、接的含义，这在古代文献中经常出现。例如，《汉书》中的"自以为过尧舜统"，就是指尧舜继承了以前的传统。[③]"传统"一词作为一个固定词汇，首见于《后汉书》："自武帝灭朝鲜，使驿通于汉者三十许国，国皆称王，世世传统。"[④]这里的"传统"已有代代相传、世世相继之意。

---

① 马修·阿诺德.文化与无政府状态：政治与社会批评[M].北京：生活·读书·新知三联书店，2008：36.
② 辞海[M].上海：上海辞书出版社，2020：1303.
③ 班固.汉书[M].桂林：漓江出版社，2018：371.
④ 范晔.后汉书[M].北京：团结出版社，1996：822.

而在西方,"传统"这个词起源于希腊语,原始形式是"tradition",意思是对一代一代传承下来的信仰、习俗、价值观等的传授或传递。在古希腊和古罗马时期,"传统"主要指宗教信仰和神话传说,以及与之相关的实践和仪式。在中世纪,教会和修道院在保存和传播传统知识方面扮演了重要角色,使得"传统"一词的含义逐渐扩大,涵盖了艺术、文学、科学和哲学等领域的知识和技能的传承。在这个时期,许多学者和艺术家在教会和修道院中工作,通过口传、手写和训练等方式,将这些知识技能一代一代地传承下去。例如,在艺术方面,中世纪的绘画、雕塑和建筑风格延续着一套传统的技巧和风格,这些技巧和风格是通过师徒制的方式传承下来的;在文学方面,许多古代文学作品在中世纪被重新发掘和传抄,这些作品中的故事、诗歌和哲学思想成为传统的一部分;在科学方面,学者们在教会和修道院中研究天文学、地理学和医学等领域的知识,并将这些知识整理成书籍并传播出去。"传统"这个词汇在现代英语中的含义已经变得更加广泛,不再仅限于特定的文化、政治、社会或经济领域。现在,"传统"被用来描述任何经过长时间验证并被广泛接受的思想、行为或事物的传承,包括文化传统、艺术传统、习俗、信仰、价值观等。西方学者对"传统"一词的定义和认知可以追溯到社会学家埃米尔·涂尔干(Emile Durkheim)。涂尔干认为,社会事实是某种独立于个体意识的客观存在,只有通过对社会事实的客观观察和分析,才能获得对社会现象的真正理解。在此基础上,涂尔干提出了"双重实在性"的概念,即社会事实既是一种客观实在,也是一种象征实在。这一观点为理解"传统"提供了基础,即传统既是一种客观存在,又是一种象征性的意义系统。[1]传统是一个社会的文化遗产,是延续三代以上、继续影响当代人生活的,并被赋予当代价值和意义的文化。这个定义强调了传统的延续性和当下性。延续性意味着传统是从过去传到现在的事物,而当下性则意味着传统不仅活在过去,而且活在当下,活在我们的血脉里、灵魂中。传统包含着三个构成部分:器物层面、行为层面和精神层面。器物层面指的是历史

---

[1] 涂尔干,渠敬东.涂尔干文集(第3卷,道德社会学,卷3,自杀论)[M].冯韵文,译.北京:商务印书馆,2020:155.

上沿传下来的典章制度、文化经籍、古迹文物等等；行为层面指的是历史上沿传至今的风俗习惯等等；精神层面指的是历史上延续至今的社会理想、生活信念、伦理道德观念、民族性格和心理特征等等，其中，精神层面是传统的核心，是传统得以传承的血脉和灵魂。

（二）"传统文化"与"文化传统"

在探究"传统文化"与"文化传统"时，两者之间的比较和对照尤为重要。尽管在语言表述上两者看起来极为相似，但实际上代表的概念是有差异的。从语法构成的角度分析，当使用"传统"作为形容词修饰"文化"时，强调了文化的某一特定类别，所代表的是与其他种类文化所区分的"传统文化"，此时，文化的本质特征被强调。在此背景下，"传统文化"通常是与"现代文化"相对应的，涵盖了五四新文化运动之前中华民族历经时代积淀的丰富文化遗产与展现形式。

在对传统文化的深层解读中，其内核表现为历史进程中已确立、具有客观实质的文化成果，往往被形容为"已不再生机勃勃"的文化遗产。如同古人所描绘，此种文化好似往昔涌动不息，然而现今已沉寂如"冰封之河"。从研究的视角来看，传统文化作为历史的产物，其实质与形态不会因为现代人的评判或诠释而产生变化。值得强调的是，对于现代人，传统文化具有客观性定位。也就是说，并非所有历史上的文化现象均可归类为"传统文化"。尽管有些文化在历史长河中一度兴盛，但若它们已经消亡且难以为现代人所了解，那么则不被视为传统文化，只有那些历经岁月仍为人所传颂的文化，才真正被认为是传统文化。

从语法角度考察，当"文化"作为定语为"传统"提供修饰时，此时的"文化传统"主要是为了区分其他类型的传统，因此这里更多的是对"传统"这一概念的强调。而从深层含义上解读，"文化传统"代表了那些已经渗透到当代社会、整合于社会结构及人的心理结构中，对特定人群的思维和行为产生指导和约束的文化元素，是充满生命力的实体，这样的传统是无形的，更像是一条历经古今的文化血脉，持续流淌在民族文化的脉络中。基于此，有学者提出："文化传统指的是传统文化背后的精神连接链。"[①]因此，并不是所有的传统文化都有能力发展成为文化传统。可以理解为，文化传统并非仅仅表现为传统社会的外在文化现象，而是更加深入地涉及这些现象背后的规则、观念、组织以及其所蕴含的信念体系。

在探讨文化传统与传统文化的互动关系时，普遍认为任何文化传统都是在传统文化的背景中塑造出来的。而在没有传统文化的背景下，文化传统的形成是不可能的。然而，这并不意味着每一种传统文化都能在时间的积累和传承中逐渐演化为文化传统。因此，"文化传统"的定义较为狭窄，而"传统文化"涵盖的领域更加广泛。更进一步地，文化的持续演进可以视作一个过程，即将固化的"传统文化"通过时代的重塑和融合，转化为鲜活的"文化传统"。如果缺乏这样的转化，某些文明的传统文化可能会逐渐凋零，或甚至完全消失。例如，汤因比在其著作《历史研究》中指出，古代叙利亚、米诺斯、古代苏末和古代巴比伦等文明，因未能有效地演化为"文化传统"而渐次消亡。[②]因此，必须明确"传统文化"与"文化传统"两者之间是相互关联且不可分割的，在"推进中华优秀传统文化的创造性转化与创新性发展"这一议题中，不仅突显了"传统文化"的稳定性和持久性，同时暗示了"文化传统"的动态性与变迁性。转化和发展并不是简单地将过去的文化遗产加以改造，而是将其中包含的"现代性"激活，并使其在当代文化中继续施展其影响力，进一步在不断地演化、整合、聚合和合并中，促进中国文化的前进脉动。

三、中华优秀传统文化

在讨论中华优秀传统文化时，可以从广义和狭义两个角度来审视。广义上，它涵盖了古代中华民族所创立的物质与精神的双重遗产。而狭义的定义

[①] 贺敏.试论传统文化的精神内涵[J].东京文学，2009，（5）：50-51.
[②] 阿诺德·汤因比.历史研究 插图本 上[M].上海：上海人民出版社，2019：115.

第一章　中华优秀传统文化概述

更为聚焦，主要关注古代中国社会在实践中形成的精神遗产，如文学、艺术、法制、道德准则及思维模式，其中不仅仅是表面的文化展现，更包含了被世代相传、深藏于文化背景下，并在人们行为中得以显现的民族精神。

从形成的空间来看，中华优秀传统文化主要起源于古代的中华大地。古代中国的地理环境独特，拥有广袤的土地。由于各地的自然生态和社会经济活动的多样性，各个民族在历史进程中的发展显现出了差异性，使得各民族在其文化形态上均展现出独特之处。例如，在节日文化中，受到生产活动、生活习惯和宗教信仰的影响，各民族创造了具有独特风格的节日。诸如蒙古族的"那达慕节"、傣族的"泼水节"、彝族的"火把节"、傈僳族的"刀杆节"、白族的"三月节"、哈尼族的"扎勒特节"、藏族的"酥油花灯节"、苗族的"花山节"以及拉祜族的"月亮节"等，都是在各自文化背景下的产物。然而，尽管每个民族都有其独特的文化标识，但它们在某些价值观上仍然存在共通性，如坚韧不拔、尊老敬亲等中华文明的传统美德。因此，当讨论中华优秀传统文化时，不仅要考虑整体的中华文化特色，还要深入探讨各个民族的特定文化传统。

可见，在5000多年的历史演进中，中华民族铸就了优秀的文化传统，这一文化不仅是中国人民智慧与劳动的凝结，还在其成长中融汇了外部文化的优秀元素，进而推动其深入演化。然而，中华传统文化的主干是在封建时代下构建的，难免地受到了当时社会结构和知识水平的影响，其中也蕴含了一些已不适应现代的观念。在对待这一传统文化时，应提炼其核心价值，摒弃那些不再适宜的部分，并对其进行现代化的调整与革新，以持续引领新文化的创造与发展。在长时期的历史演进中，中华传统文化逐渐积累并凸显出其价值，为中华民族和世界文明进程注入了宝贵的力量。这一文化不仅对培养个人道德品质、提升国家及民族的凝聚力起到至关重要的作用，还对维护国家的一致性、增进民族的团结关系以及为中华民族的伟大复兴营造稳固的社会基础具有深远意义。中华传统文化也构成了中国特色社会主义文化的核心组成，为中华民族在全球文明的波涛中提供了坚实的文化支撑，进一步强化中华传统文化的教育能促进民族的自信和自尊，为中华民族持续发展注入持续的精神动力。

而对于中华优秀传统文化的定义，很多专家学者通过概念抽象或具体罗列等方式进行了比较全面的阐述，其中被广泛认可的一种阐述，即中华传统文化中的精华部分就是中华优秀传统文化。在中华文化的庞大体系中，这一形容词指的是"优秀的"或"杰出的"。因此，中华优秀传统文化可以理解为中华传统文化中的杰出和积极元素。而此"优秀"并非单纯的"好"，而是指向那些能够促进社会进步、和谐发展并适应时代变迁的文化精髓，如在治国理政的智慧中，《尚书》载："民为邦本，本固邦宁"，明确地指出人民是国家的基石，只有人民安宁，国家才能稳固。[①]再如《道德经》中所述："人法地，地法天，天法道，道法自然。"[②]这表明，古代的哲人强调人们的行为应与自然相协调，顺应客观规律，实现人与自然的和谐，体现了天人合一的哲学观点，为今日我国的生态文明和现代化建设指明了方向，并且在中华文明的漫长历史中，众多古代先贤凭其优秀的德行留下了令人敬仰的印迹。这些由传统文化所孕育的美德不仅在当时展现出其价值，而且在今天仍然散发着魅力与光彩。以岳飞为例，其"精忠报国"的崇高精神在国家面临危机之际，表现为英勇战斗，为国家立下了不朽的功绩。而匡衡因家境贫寒却志存高远，他"凿壁偷光"的故事，描述了他借邻家之光，致力读书，最终成为博学之者，这些文化传统不仅与时代进步的需求相契合，而且对于国家和社会的持续发展有着积极的促进作用，为我们在人际交往、国家治理等层面提供了宝贵的思考与启示。简言之，中华优秀传统文化就是那些在历史长河中应时代需要产生，至今仍对现代社会发挥积极作用的文化遗产，在当今时代我们有责任继续推广和传承这些宝贵的文化遗产。

---

① 孔子.尚书[M].长春：吉林文史出版社，2017：34-38.
② 老子.道德经[M].上海：上海古籍出版社，2023：96.

第二节 中华优秀传统文化的价值意蕴

一、哲学价值

中国文化，源远流长，博大精深，其中蕴含的深刻哲学思想，无疑是其精髓所在。儒家、道家、佛家等多元的思想体系，犹如一颗颗璀璨的明珠，闪耀在中国文化的长河之中。这些哲学思想不仅深刻影响着中国人的思维方式和生活态度，更是对人类文明产生了深远的影响。

儒家思想强调仁爱，提倡以仁为核心的人际关系。孔子曰："仁者爱人"，这意味着人与人之间的和谐相处，关爱他人，尊重他人。儒家强调的五常伦理观念，如父慈子孝、兄友弟恭等，塑造了中国传统社会的道德规范，使得家庭和睦，社会和谐。儒家思想在中国历史上的地位举足轻重，对政治、教育、文化等领域产生了深远的影响。

道家思想主张顺应自然，追求天人合一的境界。道家认为，宇宙万物皆有道，道即自然规律。顺应道，便能无为而治，达到身心和谐、国家太平。道家的这种自然观念，不仅影响了中国人的世界观，还体现在中医、养生、文学、艺术等各个方面。道家哲学对人类文明的重要贡献在于，它倡导人们尊重自然，保护环境，与自然和谐共生，这对当今世界的可持续发展具有重要的启示。

佛家思想以慈悲为怀，强调度己度人。佛教认为，人生苦短，一切皆为虚妄。唯有修行，才能解脱生死轮回，达到涅槃境界。佛家提倡的慈悲为怀，普度众生，使得无数信徒致力于弘扬佛法，传播爱心，为世界带来和平与安宁。佛教传入中国后，与中国传统文化相融合，形成了具有中国特色的佛教文化，如禅宗、净土宗等，对中国文学、艺术、建筑等领域产生了深刻影响。

可见，中国文化的深刻哲学思想，儒、道、佛三家的核心观念，既是中国文化的瑰宝，也是人类文明的瑰宝。这些哲学思想为我们提供了处理人际关系、人与自然关系、人与社会关系等方面的智慧，对当今世界具有重要的指导意义。我们应该继续挖掘和传承这些宝贵的文化资源，为构建和谐社会、促进人类文明的发展贡献力量。

二、时代价值

中国文化，源远流长，丰富多彩。在不同的历史时期，它以独特的表现形式和价值取向展现出了鲜明的时代特色。例如，从古代的礼仪文化、宋代的理学到明清的小说，都是源于当时社会的特点和需求应运而生的，它们犹如一面镜子，折射出了中国文化的时代精神和发展趋势。

古代的礼仪文化是我国传统文化的重要组成部分。在封建社会，礼仪是维护社会秩序、规范人际交往的重要手段。礼仪文化强调孝道、忠诚、仁爱、谦逊等美德，体现了古代社会尊重长辈、重视家族、讲究等级的特点。随着时间的推移，礼仪文化逐渐演变，融入了民间习俗和宗教信仰，形成了独具特色的传统文化。

宋代的理学在我国文化史上具有举足轻重的地位。理学主张天人合一、内外兼修，强调道德修养和智慧追求。它融合了儒家、道家、佛家的思想精华，为当时的社会提供了精神支柱。理学大家如朱熹、程颢等，他们的著作和理论影响了后世千年，使得理学成为中国古代哲学的高峰。

明清时期的小说是中国文学的瑰宝。这一时期的小说创作呈现出空前繁荣的景象，如《西游记》《水浒传》《红楼梦》等名著，它们以生动的故事和鲜活的人物展现了当时社会的风貌。这些小说一方面反映了社会矛盾和民间疾苦，另一方面也抒发了作者对美好生活的向往。明清小说以其独特的艺术魅力和历史价值，成为中国文化的重要组成部分。

总之，中国文化的演变历程就像一幅丰富多彩的画卷，每个时期都有其独特的文化符号和时代精神。从古代的礼仪文化、宋代的理学到明清的小说，都是中国文化发展的里程碑。在新时代背景下，我们要继续弘扬优秀传统文化，不断推陈出新，让中华文化在世界舞台上绽放光彩。

三、人类文明价值

中国文化在人类文明史上具有重要地位，这是举世公认的事实，其在科技、艺术、文学等领域的独特贡献，不仅是中华文明的精髓，更是人类文明宝库中的瑰宝，其中，最为著名的当数被誉为四大发明的创新成果以及唐诗宋词、书法绘画等艺术瑰宝。

四大发明，即造纸术、指南针、火药、印刷术，是我国古代科技创新的智慧结晶。它们的出现，对中国古代的政治、经济、文化的发展产生了巨大的推动作用。造纸术的发明，极大地促进了文化的传播和保存，使得知识的传播不再受制于有限的书写材料。指南针的发明，为我国的航海事业提供了关键技术，推动了我国海上贸易的繁荣。火药的发明，不仅推动了军事技术的发展，也在一定程度上促进了民间的烟火技艺。印刷术的发明，更是极大地推动了图书出版事业的发展，使得知识的传播更为广泛和快捷。

而在文学艺术方面，唐诗宋词是中国古代诗歌的瑰宝，它们以优美的诗句和深远的意境，描绘了中国古代社会的风貌，表达了人们的生活情感。中国书法作为"中国文化核心的核心"（熊秉明语），是中华民族的思想文化的"心灵密码"；书画同源，中国画是与书法同生共长的艺术形式，其中如山水画则是我国绘画艺术的独特流派，以其独特的表现手法和审美观念，展现了我国自然风光的美丽和人文精神的内涵。

这些独特的贡献，不仅丰富了中国文化的内涵，也对世界文明产生了深远的影响。四大发明的技术和理念，通过各种途径传至西方，推动了世界科技的发展。唐诗宋词等文学作品，则为世界文学史增添了浓墨重彩的一笔。中国书画等艺术形式，也为世界艺术史留下了宝贵的财富。

四、精神价值

中华文化，源远流长，历经数千年的演变和发展，不断地积累和沉淀，已经形成了独特的民族特色。它深入人心，成为中华民族的精神命脉，对民族的思想、行为产生了深远的影响，使我们在世界民族之林中独具一格。

中国文化的精神价值体现在中华民族崇尚和谐、包容的哲学思想上。自古以来，我国传统文化倡导"和为贵""和而不同"的理念，强调人与自然、人与社会、人与人之间的和谐相处。这种哲学思想深入人心，使中华民族形成了宽容、谦和、友善的品格，成为我国处理人际关系、解决矛盾冲突的重要原则。

中国文化的精神价值体现在敬畏自然、尊重生命的生态伦理上。中华民族有着"天人合一"的生态观念，强调人类与自然的密切关系，提倡珍惜资源、保护环境、实现人与自然的和谐共生。这种生态伦理观念世代传承，使我国在环境保护、可持续发展等方面取得了世界瞩目的成就。

中国文化的精神价值体现在忠诚、敬业、爱国的道德情操上。自古以来，中华民族就把忠诚视为最高的道德品质，强调忠诚于国家、忠诚于民族、忠诚于事业。同时，敬业精神和爱国情怀也是我国传统文化的重要组成部分，激励着一代又一代人为国家的繁荣富强、民族的振兴而努力奋斗。

此外，中国文化的精神价值还体现在崇尚礼仪、仁爱的社会风尚上。中华民族素有"礼仪之邦"的美誉，强调孝敬、尊敬、友爱等传统美德，形成了独特的家庭观念和社会伦理。同时，仁爱思想也贯穿于我国文化传统的方方面面，提倡关爱他人、助人为乐，彰显了中华民族的大爱精神。

家庭观念在中国文化中占据重要地位，孝道是我们的传统美德之一。在中国家庭中，家庭成员之间相互尊重、关爱，形成了紧密的家庭纽带。家庭和谐被认为是社会稳定的基石，这种观念使得中国人民在面临困境时，能够团结一心、共克时艰。

崇尚道德修养是中国文化的又一特点。自古以来，儒家学说便倡导仁、义、礼、智、信等品质，强调个人修养和道德品质对于社会和谐的重要性。在中国社会，道德楷模受到广泛尊敬，道德败坏者则受到谴责。这种道德观念使得中国社会形成了良好的道德氛围，为国家的长治久安奠定了基础。

注重社会责任是中国文化的重要组成部分。在中国传统观念中，个人与社会紧密相连，每个人都应当承担起对社会的责任。这种责任包括对家庭、亲朋、社会公共事务等方面的担当。在这种观念的指导下，中国人民在面临国家危难时刻，能够挺身而出，为国家的繁荣富强贡献自己的力量。

第一章　中华优秀传统文化概述

总之，中国文化作为中华民族的精神体现，深刻地表现在重视家族和谐、崇尚道德修养、注重社会责任等方面。这些价值观和行为规范，构成了中国人的精神世界和行为准则，为我们的社会发展提供了有力的文化支撑。在新时代背景下，我们要继续弘扬这些优秀文化传统，为实现中华民族伟大复兴的中国梦而努力奋斗。

五、道德价值

中华文化，源远流长，底蕴深厚，其核心价值已经深深融入中华民族的精神血脉之中。在其中，以"德"为灵魂的价值核心，无疑是中华文化的鲜明特征。这种特征的形成，可以追溯到我国历史上的殷周之际，那个时代的社会风貌和思想观念，为后来的中华文化发展奠定了坚实的基础。

德，即道德，在我国古代文化中，其地位至高无上。古人认为，道德是人们行为的准则，是国家社会的基石。在殷周时期，人们对道德的重视和对民意的关注，体现了当时社会的淳朴风气。这种风气在后来的历史进程中，逐渐演变成了中华文化的核心价值。

在中国文化中，道德不仅是一种个人品质，更是一种社会责任感。古人常说："道德仁义，国之四维。"这充分说明了道德在国家社会中的重要地位。在那个时代，人们崇尚道德，尊重道德，把道德视为人生最高的追求。这种追求，不仅仅是为了个人的修养，更是为了社会的和谐稳定。

在我国的历史长河中，许多伟大的思想家、哲学家，如孔子、孟子、荀子等，他们都把道德作为自己理论的核心。他们的思想，不仅影响了当时的社会风气，也对后世产生了深远的影响。可以说，道德观念已经成为中华民族的文化基因，深入人心。

时至今日，虽然社会环境发生了巨大的变化，但道德的价值依然不可或缺。在现代社会，我们更加需要弘扬道德，让道德的光芒照耀我们的心灵。只有这样，我们才能构建一个和谐美好的社会，实现国家的繁荣昌盛。

第三节　中华优秀传统文化的内容精髓

一、传统教育思想和精神实质

在儒家思想中，教育、教化天下被视为治理国家的核心要素。作为中华历史上最杰出的教育思想家，孔子始终强调人口、财富与教育三者对于国家的建设意义，并将其中的教育元素视为"立国"之根本。孟子进一步阐释道："善政不如善教之得民也。善政，民畏之。善教，民爱之。善政得民财，善教得民心"，揭示了在治理策略中，教育被认为是赢得人民心意的关键手段。总的来说，儒家教育观点涵盖三个方面，即"有教无类""因材施教"以及"尊师重道"等核心思想。

（一）"有教无类"思想

《论语·卫灵公》中的"有教无类"深刻地反映了孔子的教育思想。在孔子的时代，社会正在经历从奴隶制向封建制的转型。[1]在这个历史节点，奴隶制的影子仍然盘旋，教育依然是"学在官府，民间无学"的模式，只有社会上层的贵族有权接受教育。随着时间的推移，社会生产工具和经济结构的变革导致井田制度的瓦解，王权和奴隶主贵族的势力随之衰退。孔子察觉到这一变革，提出"有教无类"的思想，意在通过扩大教育接受者的范围，来缓解社会矛盾并稳定治理格局。在此教育观念下，教育的受益者不再受到种姓、贫富或地域的限制，只要有学习的愿望，均可享有受教育的机会。

"有教无类"的教育哲学在现代教育改革中仍然具有深远的意义。自改革开放以来，中国的教育事业迅速发展，实施了九年义务教育制度，大大减

---

[1] 孔子.论语[M].福州：海峡文艺出版社，2012：166.

少了文盲率，同时，中高等教育也取得了显著进展，并在教育资金方面持续增投。尽管如此，在教育的普及与公平性方面，仍有许多待完善之处。因此，"有教无类"的理念不仅在理论上为确保我国教育公平提供了有力支撑，也在实践中对促进社会主义核心价值观的传播和深化具有不可替代的作用。它鼓励我们更坚定地推动义务教育的全面实施，合理分配教育资源，拓展办学路径，从而确保更多的人享有平等的教育机会。

（二）因材施教思想

孔子主张"因材施教"，意指针对不同的学生特性采用相应的教育策略。如《论语》中所记，子路询问："闻斯行诸？"孔子回答："有父兄在，如之何其闻斯行之？"冉有同样提问，孔子答："闻斯行之。"公西华进一步指出："由也提出'闻斯行诸'的问题，子贵称'有父兄在'；而求也提问'闻斯行诸'，子贵答'闻斯行之'。此处所引起的疑惑，敢问何解？"孔子解释称："冉有因其谦逊之性格而退缩，因此应鼓励之；仲由因其胜过于人之性，所以应适当地制衡。"由此，孔子的"求也退，故进之；由也兼人，故退之"揭示了其因应学生性格差异而施教的理念。[①]在教育实践中，这种个性化的教育策略承认了学生的独特性和差异性。当代教育特别是在弹性学习制度的构建中，应重视"因材施教"的理念，不仅有助于满足个体与社会的发展需求，还为教育改革提供了理论支撑。

（三）尊师重道思想

在儒家的核心思想中，尊师重道占据了至关重要的地位。孔子深知学术的海阔天空，主张"学无常师"，并尊崇那些拥有深厚学识和崇高道德的人们。他的经典言辞"圣人无常师。孔子师郯子、苌弘、师襄、老聃。郯子之徒，其贤不及孔子。孔子曰：三人行，则必有我师。是故弟子不必不如师，

---

① 孔子.论语[M].福州：海峡文艺出版社，2012：107–111.

师不必贤于弟子，闻道有先后，术业有专攻，如是而已"，表达了他的学习观点与尊师思想。孔子持有的"三人行必有我师"的教学哲学，不仅为教育职业确立了崇高的标准，而且在历史长河中获得了广泛的认同与赞誉。此外，儒家对于尊师重道的倡导对后代产生了深远的影响，为我国的科教兴国战略和建设教育强国提供了宝贵的思想指引。

二、源远流长的语言文字

文字与语言在人类文化中占据关键地位，它们不仅为文化提供了一个传递和继承的媒介，而且是文化的核心要素。汉字与中华文化之间的纽带特别紧密，其对中华文化的继承、弘扬和进一步发展都作出了显著贡献。作为多民族国家中国的官方语言，汉语拥有着深厚的历史底蕴。与其他语言相似，汉语在其发展轨迹中，词汇、语音、语法等关键要素，都在时间长河中展现了其阶段性的变革与发展。一般的观点认为，一个文明的语言主要由语音和文字这两个符号系统组成。然而，由于汉语包含了众多方言，跨越了不同地理区域，这使得文字难以简单地代表某一种语音符号。尽管如此，汉字的形态在面对语音的演变、方言的差异或语言结构的变革时，仍保持其相对稳定性。正因为此，只要一个人接受了充分的文字教育，无论其使用哪种方言，都能够对文义有一个清晰的解读。从这一角度分析，可以得出结论："文字是汉语真正的实体。"汉语的出现象征着中华文化的诞生，而汉字的产生则标志着中国文化从"史前时期"迈向"有史时期"。汉字不仅是中华民族智慧的产物，更是中华文明众多象征中的瑰宝，在其独特而优雅的形态中，融入了中华民族深沉的历史、璀璨的哲思和丰饶的情怀。

（一）汉字凝结着厚重历史和光辉思想

汉字的起源可溯至公元前6000年的新石器时代，甚至更早。众所周知，商代时期，甲骨文已是一个成熟的文字体系。《尚书·多士》中记载："惟殷先人有册有典：殷革夏命"[1]，证实在商代灭夏之时，已经利用文字在典籍中记录历史，展示了文字所具备的深重意义。在中国文化中，人们经常提到"人言为信"，意指人们在交往中应恪守承诺。文字"信"的构造——左为"人"与右为"言"——恰当揭示了"言行不符，何以为人？"的理念，展现了汉字在表达中的独特魅力。又如，"仁"这一字，作为儒家哲学的关键概念，它呼吁人们应行"仁爱"之德。该字由"人"与"二"组成，简洁地强调人与人之间的基石是"仁"。因此，《孟子·离娄章句下》中所云："爱人者，人恒爱之。"[2]从中可以看出，汉字不仅是沟通的纽带，还深深地承载了中华优秀传统文化的思想。

（二）汉字饱含丰富的情感

汉字，始于甲骨文的4000余字形态，历经或会意或指事或形声或转注或假借等方式，如今已蜕变为数万字的庞大体系。在漫长的历史长河中，中国的文人学士为其赋予的情感深厚而真挚。以《长歌行》为例："青青园中葵，朝露待日晞。阳春布德泽，万物生光辉。"春，为四季之始；晨，表示一日之端头；朝阳，代表着生命的涵源。此诗以"青青"作为主调，展现了生命的旺盛。考察字源，"青"的原型源于"生"，甲骨文中的"生"是草木繁茂的形态，这进一步印证了"青"与生命的紧密关联。《楚辞·大招》载："青春受谢，白日昭只。"[3]此外，如杜甫的诗篇"白日放歌须纵酒，青春作伴好还乡"[4]和李大钊的言论"一生最好是少年，一年最好是青春"[5]，均展现了"青春"意指人生最充满活力的时期。因此，"青"不仅代表着生命、东方、春天等深沉的文化象征，更是人类对永恒生命的美好追求。

---

[1] 孔子.尚书[M].长春：吉林文史出版社，2017：165-175.

[2] 孟轲.孟子[M].西安：三秦出版社，2018：73.

[3] [清]陈延嘉校点.全上古三代秦汉三国六朝文（第一册，上古至前汉）[M].石家庄：河北教育出版社，1997：137.

[4] 刘兰英.中国古代文学词典（第5卷）[M].南宁：广西教育出版社，1989：181.

[5] 李大钊.李大钊散文[M].上海：上海科学技术文献出版社，2013：104.

（三）汉字有着优雅的形体

汉字的构形之魅力，部分得益于其流动的线条特质。这种特性，使其能在简洁的笔触中展现丰富的物象，相较于古埃及的象形文字，更显其独特的表现能力。北京奥运会的图标代表"篆书之美"，正是对汉字这一构形特点的深入挖掘与呈现。在篆书的历史脉络中，大篆主要出现于春秋战国时的秦国，而小篆则是秦始皇统一六国后，推广"书同文"政策所采用的文字形式。图标系列"篆书之美"巧妙地利用篆书文字的均衡与齐整性，展现出简约而纯粹的美感，充分融合了古典的优雅韵味与现代的律动氛围，为观者带来丰富的审美体验。

三、丰富多彩的文学艺术

在五千年的中华历史文化中，传统文学艺术展现了独特的魅力与价值，如同中华优秀传统文化高原中的一座巍峨之峰。衡量一个民族取得的文学艺术成果，可以以其是否丰富、多彩以及是否具备变革的特性为准绳，基于这一标准，中华民族在长达数千年的时间里，在文学艺术领域所获得的辉煌成就，无疑令世界各国和其他民族为之赞叹。然而，古代中国在艺术领域的各个分支并不是同等的。具体评价其重要性，本研究认为诗文居于首位，随后是绘画与书法，其后是建筑和雕塑、戏剧等。以下将对中国传统艺术的关键领域进行简要的探讨。

（一）文学

根据史籍的资料，中国的传统文学已有数千年的发展历程。观其演进，可以明确地划分为四个主要时代：文学的初创时期、词的繁盛时期、理论文的兴起阶段以及词与理论文齐头并进的时代。每个时代，中国的传统文学都呈现出"一代胜于一代"的特色。在这漫长的历史中，从先秦的《诗经》和《楚辞》，到诸子的散文，以及汉代的赋、魏晋的诗篇、唐代的诗歌、宋代的词、元代的曲艺、明清时期的小说，各式文学形态逐一显现，相继独领文坛，共同织成了一部令人震撼的文学历史长卷。值得注重的是，"在众多文学样式中，诗歌始终被视为最早兴起且最为繁荣"的，它一直被视为中国传统文学的核心。到了南宋，有些学者甚至简化地认为词只是"诗馀"，即诗歌的次要衍生品。

（二）书法

在众多艺术形式中，书法最能代表中国的独特韵味。在中华文化背景下，书法不仅反映了个体的美学追求，更是宇宙美的体现。根据字体的不同，中国书法可被划分为篆、隶、楷、草、行五种主要风格，其中，篆书继承了古代象形文字的形态，并进一步细分为大篆和小篆。隶书的特点是稍显宽扁，展现出一种庄严的气质；楷书则因其结构方正和笔画整齐而受到尊重。草书以其简洁的结构和流畅的笔触，呈现出自由奔放的特性，而行书则既具有实用价值，又有审美意趣。书法不仅仅是墨迹留于纸上的艺术，它与书写者的心灵流动、情感传达都息息相关。书法与中华文化的"道"有着不可分割的联系，都源于对"自然"的观察与领悟。所有万物在"致虚极"之后都能够"并作"，进而形成动与静的平衡。能够历久弥新的书法佳作，如《兰亭集序》与《祭侄文稿》，都是书法大家在深入领悟中华文化"道"的基础上完成的。

（三）绘画

中国的绘画艺术可追溯至上古的彩陶及青铜纹饰。鉴于书画均以线条为核心，它们彼此之间有着紧密的关联，因此有学者认为绘画可视为书法的一种延伸。经过历史的长河洗礼，中国绘画形成了宫廷、文人、宗教、市民和民间五大流派，这些流派在其核心上都秉承了共同的美学理念。首先，它们采纳了散点透视的观察法，被称为"游目"，即摒弃固定的观察视点，转向"仰观俯察、远近往还"的多角度观察，如顾闳中的《韩熙载夜宴图》、张择端的《清明上河图》、夏圭的《长江万里图》等均为此法之代表作。其次，他们追求"遗貌取神"，意在通过形与神的完美结合，使作品既超越了物象的形态又能捕捉到其内在神韵。最后，游目式的笔法、色调与墨色相辅相成，通过线条、色彩和水墨的有机结合，构建了富有动态和空间感的视觉平面。

（四）建筑

相较于西方以石材为主的建筑风格，古代中国的建筑结构大多基于木材。关于这一选择背后的原因，学界尚无确切共识。从《诗经》中的"如翚斯飞"与"作庙翼翼"可推断，早期的木结构建筑不仅规模宏大，而且强烈地体现了审美价值。这种建筑在设计初期便注重整体布局，目的是实现建筑群的有机整合，而不仅是单一建筑的构建。此类建筑准则在明清时期仍然被遵循。美学家李泽厚认为，中国古建筑之所以能展现出"结构方正、透迤交错、气势雄浑"的特质，是由于中华民族的实践理性思维方式。虽然这只是个人观点，但不可否认的是，古代中国建筑确实融入了中华民族独特的文化气质和哲学内涵，这使得其与希腊神庙、伊斯兰建筑和哥特式教堂存在明显的差异。

（五）音乐

在古代中国文化中，礼乐文化占有举足轻重的地位，它所彰显的正是中华文化的社会主义核心价值观——和谐。孟子在《孟子·离娄上》中提出："不以六律，不能正五音。"[①]这里的"六律"指的是周朝官学中的"礼、乐、射、御、书、数"之中的"乐"；而"五音"则指的是中国自有的五声音阶体系，即"宫、商、角、徵、羽"。《史记·孔子世家》记述孔子在齐国的时候，"与齐太师语乐，闻《韶》音，学之，三月不知肉味"。这展现了孔子对乐的热爱和深度研究。[②]《论语·八佾》中，孔子对《韶》的评价为："尽美矣，

[①] 孟子.孟子[M].哈尔滨：北方文艺出版社，2019：146.
[②] 司马迁.史记[M].北京：煤炭工业出版社，2019：77–79.

又尽善也。"对《武》的评价则为："尽美矣，未尽善也。"总体上，礼和乐在古代中国文化中的互动和融合，不仅仅是文化的表现，更是中华文化和谐价值观的具体体现。

第四节　中华优秀传统文化在当代传播的重要意义

在悠久的历史长河中，中华优秀传统文化以其顽强的生命力历经曲折，至今仍然闪耀着璀璨的光芒。这份文化遗产，不仅承载着中华民族五千多年的智慧与情感，更在现代社会中发挥着不可替代的作用。中华文化的传承，如同一条蜿蜒曲折的河流，源远流长。从古代的甲骨文、《诗经》、易经，到现代的诗词、书画、音乐，中华文化在不断地发展与演变中，形成了自己独特的风格和魅力。这种魅力，既体现在对自然、人生、社会的深刻洞察，也体现在对道德、伦理、艺术的独到见解。在历史的长河中，中华文化以其深邃的内涵和博大的胸怀，引领着中华民族不断向前。在现代社会，中华优秀传统文化的价值愈发凸显。在经济全球化的大背景下，文化成了一个国家、一个民族的重要标识。中华优秀传统文化所蕴含的智慧和情怀，不仅为我们提供了丰富的精神食粮，更成为我们与世界对话的重要桥梁。例如，儒家的"仁爱"思想，不仅在中国社会中得到了广泛传承，更在国际社会中产生了深远影响。这种思想，强调人与人之间的关爱与和谐，为构建人类命运共同体提供了有力的思想支持。同时，中华优秀传统文化对于现代社会的启示和指导意义不容忽视。在面对诸如环境污染、道德沦丧等现代问题时，传统文化中的"天人合一""德治天下"等理念为我们提供了独特的解决方案。这些理念，强调人与自然的和谐共生，以及道德伦理在社会治理中的重要作用，为我们解决现代问题提供了宝贵的思想资源。

总之，中华优秀传统文化是中华民族的精神支柱和文化瑰宝。在现代社会中，我们更应该深入挖掘和传承这份宝贵的文化遗产，让其在新的历史条件下焕发出更加绚丽的光彩。同时，我们也应该积极将这份文化遗产推向世界，让中华优秀传统文化在全球化的大潮中绽放出更加璀璨的光芒。

一、促进中华文明传承发展的内在要求

中华文化，源远流长，是中华民族的瑰宝，也是人类文明的重要组成部分。其传承与演变，犹如一条长河，波澜壮阔，丰富多彩。这条长河起源于农耕文明，这是中华文化的根基，也是其独特性的重要来源。

农耕文明为中华文化提供了深厚的土壤，使得中华文化具有了务实、勤劳、智慧的特质。在这片土地上，我们的祖先创造了先进的农业技术，构建了和谐的社会秩序，孕育了丰富的文化瑰宝。这些文化成果不仅满足了人们物质生活的需要，更为人们提供了精神寄托和价值追求。

历经数千年的演变和发展，中华文化逐渐形成了一套独特的价值观念和精神内涵。这套价值观念和精神内涵，既包括了对天地自然的敬畏，也包括了对人际关系、社会秩序的尊重。这种敬畏和尊重，使得中华文化具有了强烈的生命力和适应性。

在历史的长河中，中华文化不断适应环境变迁，创新发展。无论是封建社会的兴衰，还是近代以来的现代化进程，中华文化都能与时俱进，吸收并融合新的文化元素。这种开放包容的态度，使得中华文化得以不断丰富和提升。

同时，中华文化还具有强烈的自我更新能力。在历史的长河中，中华文化能够自我反思，吸取过去的经验教训，从而使文化更加完善。这种自我更新的能力，使得中华文化始终保持着旺盛的生命力。

在吸收外来文化方面，中华文化采取了积极的态度。中华文化只有博采众长，才能使自身更加丰富。因此，中华文化在吸收外来文化时，始终坚持取其精华，去其糟粕，使得中华文化得以不断发展壮大。

二、提升中华文化软实力的重要抓手

当前,全球社会正经历前所未有的变革,我国也面临着前所未有的历史机遇与挑战。在全球化的大背景下,我国面临着文化软实力提升的紧迫任务。为了适应新时代的发展要求,我们需要构建一套具有中国特色的社会主义核心价值体系,以此提升我国的文化影响力和国际地位。

中华优秀传统文化是我国文化软实力的基石,其中所蕴含的丰富文化理念、人文情怀与哲学思想,对现在和未来的文化发展具有重要意义。这些宝贵的文化资源不仅为我们提供了独特的文化身份认同,也为我们的文化创新提供了源源不断的灵感。因此,我们有必要对中华优秀传统文化进行深入研究,发掘其当代价值,推动其创新发展。

首先,我们要深入研究中华优秀传统文化的内涵与特点,包括对传统文化中的价值观、道德观、审美观等方面的系统梳理,以及对传统文化中蕴含的哲学思想、人文精神、科技智慧的全面探讨。通过深入研究,我们可以更好地理解传统文化的内在逻辑和体系,为当代文化创新提供理论支撑。

其次,我们要在传承基础上发展中华优秀传统文化。传承是发展的前提,我们要尊重历史、继承传统,把传统文化中的优秀元素融入当代文化创作,使之成为新时代的文化符号。同时,我们要把握时代脉搏,以现代人的审美需求和价值观念为导向,对传统文化进行创新性发展,使之更具现代感和时代特色。

再次,我们要加强中华优秀传统文化的国际传播。通过文化交流、文化传播、艺术交流等多种形式,让世界了解和认可中华优秀传统文化,提升我国在国际文化舞台上的影响力。我们还要积极推动中外文化互鉴互学,以中华优秀传统文化为纽带,加深与世界各国人民的友谊和理解,为构建人类命运共同体贡献力量。

最后,我们要培养一批具有国际视野、熟悉传统文化、善于创新的文化人才。他们是传承和发展中华优秀传统文化的生力军,也是提升我国文化软实力的重要力量。我们要加强对他们的培养和选拔,为我国文化事业发展提供有力人才保障。

三、奠定社会主义核心价值观的文化基石

许多学者研究指出，社会主义核心价值观与中华优秀传统文化之间存在着紧密的内在联系。这一观点不仅揭示了两种文化价值体系的内在联系，也强调了它们在当今时代背景下的重要性和必要性。

中华优秀传统文化，作为中华民族的精神瑰宝，历经数千年的沉淀与传承，其深厚的文化底蕴和独特的价值体系，早已深深植根于每一个中华儿女的血脉之中。这一文化体系，以其博大精深的智慧和独特魅力，不断影响着我们的行为选择、思维方式和价值理念，成为我们民族精神的重要支撑。

而社会主义核心价值观，作为新时代我国社会发展的精神旗帜，其内涵丰富、意义深远。它不仅是国家和社会发展的价值导向，更是我们每一个公民应当遵循的行为准则。这一价值观的形成与发展，离不开对中华优秀传统文化的继承与发扬。

在新时代的背景下，我们更加需要重视中华优秀传统文化的传承与创新。只有深入挖掘其内在价值，将其与社会主义核心价值观相结合，才能使其在新时代焕发出更加绚丽的光彩。同时，我们也需要通过教育、宣传等多种途径，让更多的人了解和认同中华优秀传统文化，从而增强民族自豪感和文化自信心。

此外，面对全球化带来的文化冲击和挑战，我们更应该坚守中华优秀传统文化的阵地，抵御外来文化的侵蚀。只有坚定文化自信，才能在全球文化竞争中立于不败之地。

总之，中华优秀传统文化在新时代的传承具有重要意义。我们应该珍视和传承这一宝贵的文化遗产，以推动我国社会的发展与进步。同时，我们也应该积极参与到中华优秀传统文化的创新与发展中，为中华民族的文化繁荣作出自己的贡献。在未来的日子里，中华文化将继续传承下去，以其丰富的内涵和独特的魅力，引领中华民族走向更加辉煌的未来。

第二章　高校英语专业教学

高校英语专业教学是培养具备扎实英语语言基础、广泛的语言文化知识、良好的语言运用能力和较高的人文素养的高级专门人才的重要途径。在当今全球化的背景下，英语作为国际交流的通用语言，其重要性日益凸显。因此，高校英语专业教学的质量直接关系到国家对外交流的能力和国际竞争力。而高校英语专业教学是一项系统而复杂的工程，需要教师和学生共同努力。通过注重培养学生的语言基本功、跨文化交际能力、自主学习能力、创新能力和批判性思维，培养出具有国际视野和跨文化交流能力的高级专门人才，为国家的发展和国际交流作出积极的贡献。本章主要对高校英语专业教学进行概述，论述其内涵、目标、现状、理论依据以及创新模式，以为后面章节内容的展开做铺垫。

第一节 高校英语专业教学的内涵

一、专业英语（ESP）

作为一种特定领域的语言应用，专业英语（English for Specific Purposes，ESP）在日常生活和工作中扮演着越来越重要的角色。与通用英语（English for General Purposes，EGP）不同，ESP更加侧重于特定行业或领域内的英语交流和应用，如商务英语、医学英语、法律英语等。

ESP是一种以满足特定行业或领域需求为目标的英语教学模式。它的英文全名源于其独特的教学理念，即将普通的英语知识与具体的专业需求相结合，形成一种实用、高效的教学体系。自20世纪60年代诞生以来，ESP教学理论在全球范围内得到了广泛的关注和应用，成为英语语言教学领域中的一个重要分支。下面重点分析ESP的定义。

1964年，韩礼德、麦金托什和斯特雷文斯在《语言科学与语言教学》一书中列举了ESP所涵盖的一些特定职业领域，如公务员、警察、法官、护士、药剂师、农业专家、工程师以及装配师等。尽管他们为ESP划定了教学领域并设定了相关需求，但并未给出明确的定义。[①] 到了1977年，斯特雷文斯为ESP提供了一个明确的定义。他认为，ESP课程的目标和内容主要取决于学习者的实际功能需求和实用要求，而非一般教育的标准。这一观点凸显了ESP与EGP在教学目标和内容上的区别，并强调了ESP在培养学生实际英语应用能力方面的重要性。在1988年的研究中，斯特雷文斯进一步细化了ESP的定义，提出了四个根本特征和两个可变特征。根本特征包括ESP的设计目的是满足学生的特殊需求，教学内容涉及特定的学科、职业和活动，将语言学习置于特定的语境中，以及与EGP形成对比。可变特征则指ESP可以

---

① Halliday, M.A.K., McIntosh, A. & Strevens, P. The Linguistic Sciences and Language Teaching[M]. London: Longman, 1964: 227.

第二章 高校英语专业教学

专注于训练某一特定的语言技能，如阅读或口语，同时教学方法也可以根据具体情况灵活选择，不必拘泥于固定的模式。

达德利·埃文斯（Dudley-Evans）和圣约翰（St. John）在斯特雷文斯思想的基础上，对ESP教学进行了深入的阐释。[1]从他们的描述中，我们可以看到ESP的独特性、跨学科性，以及教师角色的转变和课程设置的指向性。首先，他们强调ESP应该展现出与EGP明显的差异，尤其是在教学方法和教学主张上。这凸显了ESP作为一种针对特定需求的英语教学方法的特殊性。其次，ESP的跨学科性是它的一大特点。它不仅涉及英语语言知识及语言技能，还与学生的专业知识紧密相连。这使得ESP教学在培养学生专业运用能力方面具有独特的优势。在ESP教学模式下，教师的角色也发生了转变。除了在英语语言知识方面扮演传统的教师角色外，教师还需要充当顾问的角色，为学生的专业知识提供语言上的帮助。这种角色的转变要求教师具备更广泛的知识背景和更强的专业素养。此外，ESP的课程设置具有明确的指向性。所有教学方法和教学内容都是根据学生的专业知识而设计的，以满足学生在特定领域内的实际需求。这种指向性使得ESP教学更加贴近实际，更具实用性。在根本特征方面，达德利·埃文斯和圣约翰认为ESP主要针对学生的特殊需求而设计，不能脱离专业知识和实践活动，并重点研究实践活动中对语言的使用。这些特征使得ESP教学更加具有针对性和实用性。在可变特征方面，两位学者强调了ESP教学的灵活性和多样性。他们指出，ESP可以为了某一具体学科而设定，可以选择与EGP不同的教学方法，对教课对象也没有限制。同时，他们也指出初学者也可以使用ESP课程，因为大多数课程都包含基本的语言知识体系。这种灵活性和多样性使得ESP教学能够适应不同学生的需求和不同学科的特点。

哈钦森（Hutchinson）和沃特斯（Waters）对ESP教学的定义为我们提供了一个全新的视角。他们将ESP视为一种教学途径，而非单纯的产品或特定的教学方法。这一观点强调了ESP的灵活性和适应性，它可以根据学习者的

---

[1] 卢桂荣.大学英语教学研究——基于ESP理论与实践[M].北京：光明日报出版社，2013.

具体需求进行调整和定制。①两位学者指出，要理解ESP是什么，首先需要明确"为什么学习外语"这个问题，即学习者的学习动机。无论是为了工作交流、通过考试，还是获取国外先进的文化知识，这些都是ESP所关注的学习需求。通过分析这些需求，我们可以更好地理解和界定ESP，明确它与普通英语教育（EGP）或其他类型语言教学的区别。此外，哈钦森和沃特斯还强调了ESP的性质并非固定不变，而是具有多样性和多层结构。ESP并不是教授英语的唯一或特殊种类，它与其他形式的语言教学并非截然不同。尽管在学习内容上可能存在某些差异，但这种教学法同样可以应用于其他种类的英语学习上。这种灵活性和包容性使得ESP能够适应不同学习者的需求，并在各种教学环境中发挥作用。

罗宾逊（Robinson）对ESP的描述为我们提供了深入理解ESP与EGP之间根本区别的视角。②他强调，ESP不仅仅是一种特征或标准，更重要的是学生所参与的活动。这一观点突出了ESP教学的实践性和应用性，强调了ESP教学应根据学生的实际需求和目标来设计和实施。罗宾逊认为，ESP与EGP的主要区别在于它们的目标不同。在ESP教学中，目标的确定对于选择教学内容和运用教学方法至关重要。ESP主要以目标为导向，这意味着ESP教学需要明确学生的学习目标，并根据这些目标来制订教学计划。罗宾逊对ESP的认定主要基于两个判断标准和两个基本特征。首先，ESP主要以目标为导向，这要求教师在设计ESP课程时，明确学生的学习目标，并围绕这些目标来组织教学内容和教学活动。其次，ESP主要针对学生的需求，这要求教师在实施ESP教学时，要充分了解学生的需求，包括他们的专业背景、职业发展方向以及个人兴趣等，以便为他们提供更具针对性的教学服务。在基本特征方面，罗宾逊指出，ESP设定了基本的学习期限。这意味着ESP课程通常具有明确的学习周期和进度安排，以便学生在有限的时间内掌握必要的知识和技能。此外，ESP的班级设置要考虑学生的程度差异。由于学生的英语水平和

---

① Hutchinson, T. & Waters, A. English for Specific Purpose[M]. Cambridge: Cambridge University Press, 1987: 198.
② 周平，韩玲.ESP的起源和发展[J].山东农业大学学报，2007，（2）：119.

学习需求各不相同，因此ESP教学需要采用分层教学或个性化教学的方式，以满足不同学生的需求。

在我国，ESP教学的发展尤为迅速。随着改革开放的深入和经济的持续发展，我国对于复合型人才的需求日益增强。在这样的背景下，众多高等院校纷纷开设了ESP课程，旨在培养既具备专业知识，又精通英语的应用型人才。这种教学模式的兴起，不仅丰富了我国的英语教育体系，也为应用语言学研究提供了新的视角和思路。

ESP教学的优势在于其针对性和实用性。传统的英语教学往往注重语言知识的传授，而忽略了语言在实际工作中的应用。而ESP教学则强调将英语知识与具体行业的需求相结合，使学生在学习英语的同时，能够掌握与专业相关的术语和技能。这种教学方式能够更好地满足社会的需求，提高毕业生的就业竞争力。

此外，ESP教学还注重培养学生的自主学习能力。在ESP课程中，学生不仅需要掌握专业知识，还需要学会如何独立地获取信息、解决问题。这种能力的培养，有助于学生在未来的职业生涯中更好地适应不断变化的工作环境。

展望未来，随着我国社会主义经济建设的不断深入，对于复合型人才的需求将继续增长。因此，ESP教学在我国的发展潜力巨大。在未来的社会发展中，ESP教学将成为英语语言教学领域的重要组成部分，为培养更多的高素质人才贡献力量。

二、专业英语（ESP）的分类

随着社会的发展，ESP教学模式覆盖的领域也在不断发展壮大，那么具体包含哪些分支学科？本模块就这一问题来主要介绍几种常见的分类法。

（一）达德利·埃文斯和圣约翰的两分法

达德利·埃文斯和圣约翰基于职业领域的不同需求，将ESP划分为两大类：职业用途英语（English for Occupational Communication）和学术用途英语（English for Academic Purposes）。①

职业用途英语，主要关注于职场中的日常沟通和交流技能。这包括商务会议、电子邮件、报告撰写、电话沟通等。对于许多职场人士来说，良好的职业交流英语能力是他们取得职业成功的重要因素。无论是国际公司的高级管理人员，还是小型企业的初创者，都需要能够用清晰、准确、专业的英语来表达自己的思想，与同事、客户、合作伙伴进行有效的沟通。

而学术用途英语，则更侧重于与职业相关的学术研究和论文写作。这包括行业报告、学术论文、专业期刊文章等。对于从事科研、教育、技术等领域的工作者来说，职业学术英语是他们进行专业研究、发表学术成果、参与国际交流的重要工具。他们需要能够用规范的英语来撰写学术论文，表达自己的研究成果，与全球的同行进行深入的学术交流。

（二）哈钦森和沃特斯的三分法

哈钦森和沃特斯将ESP划分为三大类别：科技英语、商务英语以及社科英语。②这一分类方式为我们更好地理解和应用ESP提供了重要的参考。

科技英语作为ESP的一个重要分支，主要服务于科学技术领域。科技英语的语言特点在于其精确性、专业性和逻辑性。在科技文献、学术论文、技术报告等场合，科技英语发挥着至关重要的作用。例如，在描述科学实验、数据分析或技术原理时，科技英语能够提供清晰、准确的语言支持，确保信息的准确传递。此外，随着全球科技创新的不断发展，科技英语在跨国技术交流与合作中也发挥着日益重要的作用。

商务英语作为ESP的另一个重要领域，专注于商业活动的语言需求。商务英语涵盖了商业谈判、合同签订、市场营销、国际贸易等多个方面。在商务英语中，语言不仅要准确传达信息，还要符合商业礼仪和惯例。例如，在

---

① 卢桂荣.大学英语教学研究–基于ESP理论与实践[M].北京：光明日报出版社，2013：10.

② Hutchinson, T. & Waters, A. English for Specific Purposes: A Learning-cencerted Approach. Cambridge: Cambridge University Press, 1987: 253.

商务谈判中，商务英语能够帮助双方建立信任、明确合作意向；在国际贸易中，商务英语则能够促进跨文化交流，减少误解和冲突。商务英语的重要性在于，它为商业活动提供了有效的沟通工具，有助于推动全球商业的繁荣与发展。

社科英语作为ESP的第三大类别，主要涉及社会科学领域的语言需求。社科英语的特点在于其广泛性、多样性和人文关怀。在社会科学研究、政策制定、社会调查等领域，社科英语发挥着重要的作用。例如，在社会科学研究中，社科英语能够帮助研究者准确描述社会现象，提出理论观点；在政策制定中，社科英语则能够促进政策的合理性和科学性。社科英语的重要性在于，它为我们提供了理解和分析社会现象的语言工具，有助于推动社会科学的发展和进步。

（三）乔丹的两分法

乔丹在哈钦森和沃特斯的理论基础上，将这一方法进一步简洁化，主要以语言的使用目的和语言环境为基准进行分类。[①]这种分类方法不仅有助于我们更深入地理解语言的本质，还能为语言教学和语言研究提供有力的指导。

乔丹的两分法以语言的使用目的为首要考虑因素。语言的使用目的可以分为表达性目的、交流性目的和指令性目的。表达性目的主要关注语言如何表达个人的情感和思想，如诗歌、散文等文学作品。交流性目的强调语言在社交互动中的作用，如日常对话、商务谈判等。指令性目的则关注语言如何传递信息和指导行为，如新闻报道、学术论文等。这种分类方法有助于我们认识到，不同的语言使用目的要求我们在表达、理解和使用语言时采用不同的策略和技巧。

除了使用目的，乔丹的两分法还考虑了语言环境这一关键因素。语言环

---

① 严明.大学专门用途英语（ESP）教学理论与实践研究[M].哈尔滨：黑龙江大学出版社，2008：90.

境可以分为正式环境、半正式环境和非正式环境。正式环境通常指的是正式场合，如学术会议、法庭辩论等，要求语言严谨、规范。半正式环境则介于正式和非正式之间，如商务会议、社交活动等，语言使用相对灵活。而非正式环境则主要指的是日常生活中的场景，如家庭聚会、朋友聊天等，语言使用更加随意、自然。在不同的语言环境下，我们需要根据场合和对象的不同，选择适当的语言风格和表达方式。

通过综合考虑语言的使用目的和语言环境，乔丹的两分法为我们提供了一个清晰的语言分类框架。这种分类方法不仅可以帮助我们更好地理解和分析不同语言现象，还能为语言教学和语言研究提供有益的启示。例如，在语言教学中，教师可以根据学生的需求和实际场景，有针对性地调整教学内容和方法，提高教学效果。在语言研究中，研究者可以根据两分法的分类标准，对语言现象进行深入的探究和分析，推动语言学理论的发展和完善。

（四）罗宾逊的两分法

罗宾逊（Robinson）主要是从学生的经历出发，将ESP划分为职业英语和学术英语两大类。[①]尽管这种分类方法看似简单，但其实质上却蕴含了对学生需求和学习动机的深刻理解。

罗宾逊认为，学生的英语学习需求并非一成不变，而是随着他们的学习阶段和职业目标的变化而变化。因此，他将ESP划分为职业英语和学术英语两个子领域，以满足学生在不同阶段的学习需求。

职业英语，顾名思义，是为了满足学生在职场上的英语交流需求而设计的。这种英语更注重实际应用，强调在特定职业环境中的沟通能力。例如，商务英语、旅游英语、医学英语等，都是职业英语的典型代表。通过学习这些课程，学生可以更好地适应职场环境，提高自己在特定职业领域的竞争力。

---

① 严明.大学专门用途英语（ESP）教学理论与实践研究[M].哈尔滨：黑龙江大学出版社，2008：91.

而学术英语则更注重培养学生的学术素养和科研能力。这种英语的学习内容更加专业和深入，包括学术论文写作、学术报告演讲、学术研讨会参与等。通过学术英语的学习，学生可以更好地适应学术研究的环境，提升自己的学术能力。

尽管罗宾逊的分类方法看似简单明了，但在细化上却与达德利·埃文斯和圣约翰这两位学者的观点有所不同。达德利·埃文斯和圣约翰认为，ESP应该根据学习者的需求和目标进行更加细致的分类，包括需求分析、课程设计、教学方法等多个方面。他们认为，ESP的教学应该是一个动态的过程，需要根据学生的反馈和学习效果进行不断调整和优化。

相比之下，罗宾逊的分类方法更加简洁明了，但也可能忽略了ESP教学的复杂性和多样性。因此，在实际教学中，教师可以结合罗宾逊的分类方法和达德利·埃文斯、圣约翰的观点，既注重学生的实际需求和学习动机，又注重教学的动态性和灵活性。

除了上述四种分类方式——按照使用场景、语言特点、学科领域以及学习者需求——进行划分之外，还有一些其他的分类方法，如树形图和连续性划分法等。这些方法虽然在分类标准和具体操作上有所不同，但无一例外地都将学术英语和职业英语视为ESP分类的两个核心组成部分。无论是学术英语还是职业英语，它们都是ESP分类中的重要组成部分。学术英语和职业英语虽然在使用场景、语言特点等方面有所不同，但它们都旨在满足特定领域或职业的需求，帮助学习者更好地适应和融入相应的环境。

三、专业英语（ESP）教学的要素

ESP教学是一种以满足特定需求为目的的英语教学方法。其教学要素可以概括为"5W1H"，即教学目的、教学内容、教学队伍、教学时机、教学方法和教学场所。下面我们将逐一探讨这些要素及其重要性。

（一）教学目的

ESP教学的首要要素是明确的教学目的。ESP课程通常针对某一特定领域或行业，如商务英语、医学英语、法律英语等。因此，教学目的应明确反映这一特定需求，帮助学生掌握与该领域相关的英语知识和技能。明确的教学目的有助于教师制订有针对性的教学计划，确保教学内容与实际应用紧密相连。

（二）教学内容

教学内容是实现教学目的的关键。ESP教学应围绕特定领域的实际需求，选取与之紧密相关的词汇、语法和语用知识。此外，还应注重培养学生的听、说、读、写等综合能力，以便他们能在实际工作中熟练运用英语。通过丰富多样的教学内容，ESP教学能够帮助学生更好地适应特定领域的工作环境。

（三）教学队伍

优秀的教师是ESP教学成功的关键。ESP教师应具备丰富的行业经验和深厚的英语语言功底，能够深入了解学生的需求，为他们提供有针对性的指导。此外，ESP教师还应具备创新教学方法的能力，激发学生的学习兴趣，使他们在轻松愉快的氛围中学习英语。一个高素质的教学团队能够为ESP教学的质量提供有力保障。

（四）教学时机

教学时机对于ESP教学的效果至关重要。ESP课程通常需要在学生具备一定英语基础后进行，以便他们能更好地理解和吸收特定领域的英语知识。此外，教学时机还应考虑学生的兴趣和需求，确保他们在学习过程中保持高度的积极性和参与度。合理的教学时机有助于提高ESP教学的效果，使学生能够在最佳状态下掌握所需的知识和技能。

（五）教学方法

教学方法是影响ESP教学效果的重要因素。ESP教学应采用灵活多样的教学方法，如任务型教学、情景教学、合作学习等，以激发学生的学习兴趣和动力。同时，ESP教学还应注重培养学生的自主学习能力，使他们能够在未来的职业生涯中持续发展英语技能。创新教学方法能够提升ESP教学的趣味性和实效性，帮助学生更好地掌握和应用英语。

（六）教学场所

教学场所是ESP教学不可忽视的一环。ESP教学应提供符合特定领域需求的教学环境，如模拟商务谈判室、医学实验室等。这样的教学环境能够帮助学生更好地融入实际工作场景，提高他们在特定领域的英语应用能力。此外，教学场所还应具备良好的教学设施和资源，如多媒体设备、在线学习平台等，以支持多样化的教学活动和自主学习。一个理想的教学场所能够为ESP教学的顺利实施提供有力保障。

第二节　高校英语专业教学的目标与现状

一、高校英语专业教学的目标

高校英语专业教学的目标在于培养具有全面英语语言能力、跨文化交际能力、创新能力和自主学习能力的高素质英语人才。这一目标的实现，需要教师在教学过程中注重语言知识的传授和语言技能的训练，同时也要关注学生的思维能力、文化意识和人文素养的培养。

（一）语言知识的传授

语言知识的传授不仅是英语专业教学的基石，更是培养学生英语综合运用能力的前提。通过系统的语言知识教学，学生能够更好地掌握英语的基本结构和表达方式，为后续的听、说、读、写等技能的培养打下坚实的基础。

（1）语音知识。正确的发音和语调是英语交流中至关重要的因素。教师应该注重培养学生的语音感知能力，通过模仿、练习和纠正，帮助学生掌握标准的英语发音。此外，教师还可以通过组织朗读、演讲等活动，让学生在实践中提高语音运用水平。

（2）语法知识。语法是英语语言的骨架，掌握语法规则有助于学生更准确地理解和运用英语。在教学过程中，教师应注重培养学生的语法意识，通过例句、练习和解析等方式，帮助学生理解并掌握英语语法的核心要点。同时，教师还应鼓励学生在实际运用中灵活运用语法规则，提高语言表达的准确性和流畅性。

（3）词汇知识。丰富的词汇储备是学生顺利进行英语交流的关键。教师应通过课堂教学、课外阅读等多种途径，引导学生逐步积累英语词汇。同时，教师还可以教授学生记忆单词的方法和技巧，如联想记忆、词根词缀法等，帮助学生提高词汇记忆效率。

（4）语用知识。语用学关注语言在特定社会文化背景下的实际运用。教师应注重培养学生的跨文化交际能力，让他们了解英语国家的社会习俗、文化观念等，从而避免在交流中出现误解或冲突。通过角色扮演、模拟对话等活动，教师可以让学生在实践中体验不同文化背景下的语言运用，提高他们的语用能力。

因此，高校英语专业教学应注重语言知识的传授，包括语音、语法、词汇、语用等方面的知识。通过系统的语言知识教学，学生能够更好地掌握英语的基本结构和表达方式，为后续的听、说、读、写等技能的培养打下坚实的基础。同时，教师还应注重培养学生的跨文化交际能力，让他们在实践中提高语言运用的准确性和流畅性。只有这样，我们才能培养出既具备扎实的语言知识，又具备良好语言运用能力的英语专业人才。

（二）语言技能的训练

随着全球化的不断深入，英语作为国际交流的主要语言，其重要性日益凸显。高校英语专业作为培养英语人才的重要基地，其教学质量直接关系到我国在国际舞台上的竞争力。因此，加强英语专业学生的语言技能训练，不仅是教学要求，更是时代赋予的使命。

听、说、读、写是英语学习的四项基本技能，它们相辅相成，共同构成了英语学习的完整体系。这四项技能不仅是英语学习的核心技能，也是高校英语专业教学的重要目标。然而，在实际教学中，我们不难发现，许多学生在某些技能上存在明显的短板，这往往限制了他们的全面发展。

为了提高学生的语言应用能力和综合素质，教师在教学过程中应采用多样化的教学方法和手段。例如，通过角色扮演，让学生置身于真实的语言环境中，感受语言的实际运用；通过小组讨论，培养学生的协作精神和沟通能力；通过课堂演讲，锻炼学生的表达能力和逻辑思维能力。这些活动不仅丰富了课堂内容，也为学生提供了更多实践机会，使他们在实践中不断提高自己的语言技能。

此外，教师还应注重培养学生的自主学习能力。语言学习是一个持续不断的过程，仅仅依靠课堂教学是远远不够的。因此，教师应引导学生充分利用课外时间，通过阅读、听力训练、写作练习等方式，自主提高自己的语言技能。同时，教师还应为学生提供丰富的学习资源和学习指导，帮助他们制订合理的学习计划，培养他们良好的学习习惯。

因此，高校英语专业教学必须加强语言技能的训练。通过多样化的教学方法和手段，引导学生积极参与语言实践活动，提高他们的语言应用能力和综合素质。只有这样，我们才能培养出更多优秀的英语人才，为我国在国际舞台上取得更大的成就贡献力量。

（三）思维能力、文化意识与人文素养的培养

在当今全球化的世界中，英语已经成为一种国际通用语言，其在跨文化交流中的重要性不言而喻。高校英语专业教学在教授语言知识的同时，更应该关注学生的思维能力、文化意识和人文素养的培养。这三者不仅是学生未来职业生涯的关键要素，也是他们成为全面发展的人的必要条件。

（1）培养学生的思维能力。英语不仅是一种交流工具，更是一种思考工具。在教授语法、词汇、听说读写技能的同时，教师应引导学生用英语进行思考，培养他们的逻辑思维能力、批判性思维和创新能力。例如，教师可以通过组织课堂讨论、写作训练等方式，鼓励学生用英语表达自己的观点，挑战传统观念，培养他们的独立思考能力。

（2）培养学生的文化意识。英语作为一门语言，承载着丰富的文化内涵。在教学过程中，教师应引导学生了解不同文化背景下的语言习惯和价值观念，培养他们的跨文化交际能力。这可以通过引入多元化的教学材料，如英文电影、音乐、文学作品等，让学生在欣赏艺术作品的同时，感受到不同文化的魅力。同时，教师还可以组织文化交流活动，如模拟国际会议、角色扮演等，让学生在实践中提高跨文化交际能力。

（3）培养学生的人文素养。人文素养是指一个人在人文领域所具备的知识、情感、价值观等方面的素养。引导学生阅读经典文学作品，参与文化体验活动等，可以提升学生的人文素养和审美能力。这些活动不仅能够拓宽学生的视野，让他们了解不同文化、历史背景和社会现象，还能够培养他们的审美情趣和人文关怀精神。

因此，高校英语专业教学在关注学生语言能力的同时，更应注重思维能力、文化意识和人文素养的培养。这不仅符合英语作为一门国际通用语言和文化载体的本质要求，也是培养全面发展的人才的必然要求。因此，教师在教学过程中应积极探索有效的教学方法，为学生的全面发展提供有力支持。

二、高校英语专业教学的现状

近年来虽然我国高校英语专业教学改革取得了一些令人瞩目的成就,但仍存在一些问题。实际上,我国高校的英语专业教学在各个环节都存在着各种弊端。这些弊端主要体现在课程设置、教师水平、课堂教学以及学生掌握等方面。

(一)课程设置

《高等学校英语专业英语教学大纲》(2000)将英语专业课程划分为三大模块:英语专业技能课程、英语专业知识课程和相关专业知识课程。这一分类旨在构建一个全面而合理的知识结构框架,为高校英语专业的课程设置提供科学依据,进而促进复合人才的培养。

英语专业技能课程是英语专业学生必须掌握的基础课程,包括基础英语、听力、口语、阅读、写作等。这些课程旨在培养学生的英语语言能力和各项技能,为他们在未来的学术和职业生涯中打下坚实的基础。然而,目前一些高校在课程设置上仍然存在一些问题。例如,部分课程仍然以培养学生的语言技能为导向,只在高年级阶段象征性地开设几门专业知识课程,这往往导致学生对专业知识的理解只停留在表面,无法深入探究。此外,一些常规型的英语教师对专业术语了解不足,使用中文授课,未能充分发挥英语的优势,这也影响了学生的学习效果。[1]

英语专业知识课程着重于英语国家文学文化方面的学习,包括英美文学、英语词汇学、英语语法学、英语语言学等。这些课程对于提升学生的文学素养和跨文化交际能力具有重要意义。然而,在一些高校中,为了凸显专业特色,一些传统的英语技能课和专业知识课被削减,而增设了相关专业知识课程。这虽然在一定程度上体现了专业的多样性,但也可能导致学生对英语专业的基本语言能力和准确性要求降低,从而影响其未来的学术和职业发展。

---

[1] 束定芳.外语教学改革:问题与对策[M].上海:上海外语教育出版社,2004:65.

相关专业知识课程是一种跨学科课程，旨在以英语专业为基础，学习其他相关专业的知识。这类课程如外交学导论、英语新闻写作、国际关系概况、国际法入门等，对于培养复合型人才具有重要意义。然而，在实际操作中，一些高校在必修与选修课的设置上存在不均衡现象。必修课过多，选修课过少，可能导致学生忙于应付课程而无暇进行深入的学术探究和个人兴趣的培养。这不仅影响了学生的学习积极性和创新能力，也违背了复合型人才培养的初衷。

此外，课程学时分配不合理也是当前英语专业教学中存在的一个问题。在一些高校中，听力、阅读等技能的培养受到重视，而写作、口语和翻译等技能的训练则相对不足。这导致学生在这些方面的发展受到限制，无法全面提高自己的英语综合运用能力。造成这一现象的原因在于对写作、口语和翻译等课程的重视程度不够，备课和批改作业等任务繁重，使得一些教师不愿意开设这些课程。然而，这些技能正是英语专业学生的核心竞争力所在，缺乏这些技能的培养将严重影响学生的未来发展。

（二）教师水平

高校英语专业教学师资水平是影响教学质量的核心要素，其能力和素质的高低直接关系到学生的学习效果和未来的职业发展。因此，对于英语专业教师来说，他们不仅要有扎实的学科知识，还要具备一系列的教学技能和理念。然而，从目前我国高校英语专业的教师构成情况来看，师资水平还存在一定的问题。一方面，教师的学历层次和专业背景参差不齐，系统学习过TEFL教学理论和教学方法的教师相对较少。另一方面，年轻教师比例较高，他们普遍缺乏教学经验，难以保证教学效果。此外，大多数教师缺乏额外时间去研习语言学、心理学、教育学、语言教学等理论来提高自己的教学科研水平。这些问题都制约了高校英语专业教学质量的提升。

教师的英语水平是影响教学效果的重要因素。虽然我国英语专业的教师普遍具有较高的英语水平，但在使用过程中仍然会出现语际语的问题。语际语是指在学习第二语言过程中产生的一种介于母语和目标语之间的语言现象。由于教师的母语是汉语，他们在使用英语时可能会受到汉语思维的影响，导致语言僵化或不规范。因此，教师需要不断提高自己的英语水平，尤其是口语和听力能力，以便更好地与学生沟通和交流。

另外，我国高等教育体制以及英语专业的定位也影响了师资队伍的建设。目前，英语专业主要被定位于文学学科，这导致英语人才培养属于单科教育范围，难以适应入世后国家对人才培养的多元化需求。因此，高校需要调整英语专业的定位和培养模式，拓宽专业口径，增加跨学科课程和实践环节，以培养出更具竞争力和适应力的英语人才。

（三）课堂教学

课堂教学在我国教育体系中占据着举足轻重的地位，它是实施素质教育的基本途径和主要形式，也是教学活动中的核心环节，特别是在英语学习领域，课堂教学更是发挥着至关重要的作用。然而，在实际的教学过程中，我们往往发现教师讲解的时间明显多于学生的语言运用时间，学生参与交际的机会相对较少。即便有互动，也往往局限于教师提问学生回答的形式，缺乏真正的思想交流和碰撞。此外，一些教师为了让学生更好地理解，会反复举例说明，甚至逐句翻译课文，但这样做却剥夺了学生独立思考和吸收的机会。还有一些教师虽然采用了多媒体教学，但应用方式却趋于僵化，只是简单地将教学内容显示在课件上，点击翻页，缺乏创新和互动性。

这些问题的存在，很大程度上抑制了学生的思考欲望和英语学习的积极性。他们往往只是被动地接受知识，而不是主动地参与课堂讨论和思考。这样的教学模式显然无法满足现代教育的需求，也无法培养出具有创新思维和批判意识的学生。

造成这一现象的原因是多方面的。首先，一些教师缺乏科学的、与时俱进的教学理念，他们仍然坚持传统的"以教师为中心"的教学模式，而不愿意尝试"以学生为中心"的课堂教学方式。[1]其次，教学动力不足和主动性不强也是导致这一问题的原因之一。一些教师可能认为沿用传统教学模式相

---

[1] 文旭，张绍全.当前我国英语专业教学的现状及改进对策[J].中国大学教学，2007，(07)：86-90+71.

对容易管理学生，因此缺乏改变的动力。

（四）学生掌握

中国有句古话说得好："师傅领进门，修行靠个人。"这句话深刻揭示了学习的本质：教师的引导只是起点，真正的掌握与提升，还需依赖于学生个人的努力与修行。学生的学习效果，很大程度上取决于他们如何吸收、消化和举一反三地运用所学知识。而这又与他们的学习习惯、学习动机以及学习策略紧密相连。

（1）良好的学习习惯是取得优秀学习效果的基石。然而，现实中，许多学生却忽视了这一点，他们的学习习惯往往不尽如人意。课前不预习，导致对课堂内容一知半解；上课时忙于记笔记，却忽略了真正的理解和思考；遇到生词时，只是匆忙查阅手机或电子字典，而没有去深入探究其词义、词性和使用语境。课后不复习，课余学习时间有限，无法巩固所学知识。这样的学习习惯，不仅影响了学生的学习效果，更使他们在面对新知识时，难以做到举一反三。

（2）明确的学习动机是推动学生持续学习的关键。当学习目标不清晰时，学生往往缺乏学习自主性，容易变得被动和敷衍。近年来，高等教育实行扩招，学生人数众多，使得学生和教师之间的互动变得十分有限，这也进一步加剧了学生的被动学习状态。一项调查显示，许多学生认为英语能力停滞不前的原因在于学习态度消极、缺乏刻苦精神和学习兴趣不浓厚。在互联网高度发达、信息爆炸的今天，学生仍然忽视扩充知识储备和拓宽视野的重要性，仅仅依赖课堂学习。他们学习英语的目的主要是为了应对考试或未来工作的需要，而非出于对英语的热爱或对英语国家文化的兴趣。

在深入探讨我国高校英语专业教学改革的过程中我们不难发现，这一领域既面临着严峻的挑战，也蕴含着机遇。正如我们所处时代的发展要求，我们需要具有强烈的紧迫感，积极地将这些挑战转化为推动改革的动力。从我国的国情出发，紧密结合高校英语专业教学的实际情况，我们必须对某些传统的理论模式与方法进行审慎而适时的调整与改革。

针对英语专业教学中存在的一些问题，我们必须重新审视语言的本质及其在社会生活中的作用。语言不仅是交流的工具，更是文化的载体和思维的媒介。因此，我们需要重新思考和确立语言教学的理论与原则，以确保它们能够适应新时代的需求。在这样的背景下，我们应以学生为中心，以培养他们的语言交际能力和应用能力为教学的出发点。这意味着我们需要对教学体系进行科学合理的调整，优化教材结构，提高教师的理论水平和实践能力。同时，我们还需要改进教学方法，使之更加符合学生的认知规律和学习兴趣。在课程设置方面，我们需要进行更加系统和科学的调整。这包括加强基础课程的建设，提高学生的语言基础能力；增加实践课程的比重，让学生在实践中锻炼和提升自己的语言应用能力；同时，我们还应关注跨学科课程的开发，以适应社会对复合型人才的需求。

值得一提的是，尽管我国高校英语专业教学在过去的几十年中取得了显著的成绩，但仍然存在一些亟待解决的问题。例如，学生的实际应用能力与当代社会的要求还存在较大的差距。这充分暴露了现行英语专业教学中存在的盲区、误区和明显不足。因此，我们必须采取更加积极的措施，全面统筹规划英语专业教学，引进新型教学模式，以满足社会对英语的多样化需求。在这个过程中，我们还应关注国际视野的拓展和国际交流的增加。通过与国外先进的教育理念和教学方法进行交流与融合，我们可以更加清晰地认识到自身的不足，并寻求改进和提升的路径。同时，我们还应鼓励学生积极参与国际交流和实践活动，以提升自己的跨文化交际能力和全球竞争力。

第三节　高校英语专业教学的理论依据

一、建构主义学习理论

（一）建构主义学习理论的内涵

瑞士的皮亚杰是教育心理学领域中独树一帜的人物，他在认知发展领域的贡献可谓深远而持久，特别是在他提出的建构主义学习理论方面，更是为现代教育心理学的发展奠定了坚实的基础。

皮亚杰的建构主义学习理论，源于他对儿童认知发展的深入研究。他坚信，学习并非简单地接收信息，而是一个自我建构的过程。在这个过程中，儿童通过与外部环境的互动，不断地调整和完善自己的认知结构。这一过程的核心在于"同化"与"顺应"两个基本过程。同化是将外部环境中的信息吸收并整合到已有的认知结构中，使原有的图式得到扩充；而顺应则是在遇到新的、无法用原有图式同化的信息时，主动改变原有的认知结构，以适应外部环境，从而达到新的认知平衡。这种平衡—不平衡—新的平衡的过程，正是儿童认知结构得以发展和完善的机制。[1]

苏联心理学家维果茨基提出的"文化历史发展理论"，为建构主义学习理论提供了新的视角。他认为，学习者的认知过程并非孤立存在，而是深受其所处的社会文化历史背景的影响。因此，他主张在教育过程中应充分考虑学习者的文化背景和社会环境，以促进其认知结构的发展。

这些研究不仅丰富了建构主义学习理论的内涵，也为其在实际教学过程中的应用提供了有力的支持。它们共同构成了现代教育心理学的重要支柱，为我们深入理解和改善教学过程提供了宝贵的理论资源。同时，这些研究也启示我们，在教育实践中，应充分尊重儿童的认知发展规律，积极引导他们主动参与到学习过程中，以实现其认知结构的不断完善和发展。

（二）建构主义学习理论的基本观点

建构主义学习理论在20世纪80年代于美国崭露头角，它挑战了传统的信息加工心理学观念，并逐渐从认知主义流派中脱颖而出。这一理论对传统教学方式产生了深远影响，被视为教育心理学领域的一次重大变革。其核心观念涉及知识观、学习观、学生观和教学观四个方面，以下是对这四个方面的

---

[1] Robert E.Slavin.教育心理学理论与实践（Educational Psychology：theory&practice）[M]. 北京：北京大学出版社，2015：117.

详细阐述。

1. 知识观

建构主义学习理论强调知识并非绝对不变的真理，而是人们对客观世界的一种解释和假设。每个人基于自己的经验背景，对同一事物可能产生不同的理解。因此，知识具有动态性和不确定性，它随着人类思想和科学技术的进步而不断演变。学生不仅是知识的接受者，更有潜力成为知识的"创造者"。

2. 学习观

建构主义学习观认为，学习是一个主动建构知识的过程，而非被动地接受知识。学生需要根据自己的经验和认知结构，对信息进行主动筛选、加工和整合。这一过程强调学习的情境性和社会互动性，即学习需要与社会实践相结合，并注重人与人之间的合作与交流。

3. 学生观

建构主义学习理论的学生观认为，学生并非空白的接受者，他们进入课堂时已经拥有了一定的知识经验和认知结构。这些经验和结构会影响他们对新知识的理解和建构。因此，教师在教学过程中应充分考虑学生的个体差异和已有知识经验，引导他们在此基础上进行新知识的建构。

4. 教学观

建构主义学习理论的教学观强调，教学不再是简单的知识传递过程，而是教师和学生共同建构知识的过程。教师应扮演引导者和促进者的角色，通过处理和转换知识，引导学生主动探索、发现和建构知识。同时，教师应关注学生的声音和观点，理解他们的思维过程，从而更有效地促进学生的学习和发展。

总之，建构主义学习理论为我们提供了一个全新的视角来看待知识和学习。它强调知识的动态性和学生的主动性，提倡情境性和社会互动性的学习方式，以及教师在教学中的引导和促进作用。这些观念对于改进教学方法、提高学习效果具有重要意义。

（三）建构主义理论在高校英语专业教学中的运用

建构主义理论在高校英语专业教学中的运用，已经引起了广大教育工作者的关注和探索。建构主义认为，知识不是通过教师传授得到的，而是学习者在一定的情境下，借助他人的帮助，如人与人之间的协作、交流、利用必要的信息等，通过意义的建构而获得的。这一理论与高校英语专业教学的特点相契合，为教学提供了新的思路和方法。

在高校英语专业教学中，建构主义理论的应用主要体现在以下几个方面。

1.创设教学情境

建构主义强调情境的创设，认为情境是学习者获取知识、技能和情感体验的重要场所。在高校英语专业教学中，教师可以通过设计真实、生动的教学情境，引导学生积极参与，激发学生的学习兴趣和动力。例如，教师可以模拟国际会议、商务谈判等场景，让学生在实践中学习英语，提高英语应用能力。

2.强调学生主体性

建构主义认为学生是学习的主体，教师的角色是引导学生、帮助学生。在高校英语专业教学中，教师应注重学生的主体性，尊重学生的个体差异，激发学生的学习兴趣和主动性。教师可以通过组织小组讨论、角色扮演等活动，让学生在互动中学习英语，提高英语交流能力。

3.注重合作学习

建构主义强调合作学习的重要性，认为合作学习有助于培养学生的协作精神和沟通能力。在高校英语专业教学中，教师可以通过组织小组活动、团队项目等方式，让学生在合作中学习英语，提高英语应用能力。同时，合作学习也有助于培养学生的团队合作精神和沟通能力，为未来的职业发展打下基础。

4.利用信息技术手段

建构主义认为信息技术手段可以为教学提供有力的支持。在高校英语专业教学中，教师可以利用多媒体、网络等信息技术手段，为学生提供丰富的学习资源和学习平台。同时，信息技术手段也可以帮助学生进行自主学习和探究学习，提高学习效果和学习效率。

总之，建构主义理论在高校英语专业教学中的运用，有助于改变传统的教学模式，激发学生的学习兴趣和主动性，提高学生的英语应用能力和综合素质。同时，建构主义理论也为教师提供了新的教学思路和方法，有助于促进教学质量的提升。

二、社会文化理论

（一）社会文化理论的内涵

社会文化理论是研究社会文化现象和社会文化变迁的学科，旨在解释社会和文化现象的本质、起源和演化，以及它们对社会和个人行为的影响。社会文化理论不仅关注社会和文化现象本身，还关注社会和文化现象之间的相互作用和影响，以及社会和文化现象对社会和个人行为的影响。

社会文化理论的研究范围广泛，包括社会文化变迁、文化传承、文化创新、文化冲突、文化多样性、文化全球化和文化身份等方面。社会文化理论的研究方法多样，包括历史学、社会学、人类学、心理学、语言学、哲学和文学批评等学科的研究方法。

在社会文化理论中，调节是一个至关重要的概念，它位于人类高阶心智功能发展的核心地位。为了深入理解这一概念，我们需要先探讨一下社会文化理论的基本观点。

社会文化理论主张，人类与物质世界和符号世界的相互作用并非直接进行，而是间接地，受到文化建构的辅助工具的调节。这些辅助工具是人类在参与文化活动的过程中创造出来的，它们以复杂而动态的方式与彼此以及心理现象（具有生物基础）进行互动。

这些文化制品和文化概念并非孤立存在，而是与我们的心理现象紧密相连，共同构成了一个复杂的社会文化环境。在这个环境中，人类的高阶心智功能得以产生和发展。这种发展并非一蹴而就，而是在文化和生理传承的不断互动中逐渐形成的。

为了更好地理解这一观点，我们可以进一步分析文化制品和文化概念与心理现象之间的相互作用。文化制品，如工具、语言、符号等，是人类智慧的结晶，它们不仅帮助我们更好地适应环境，还塑造了我们的思维方式。例如，语言的使用使我们可以将经验、知识传递给后代，从而实现文化的传承。

与此同时，文化概念也对我们的心理现象产生了深远的影响。文化概念是我们对世界的认知和理解，它们不仅影响我们对世界的看法，还塑造了我们的价值观和行为准则。例如，在不同的文化中，对于"尊重""勇气"等概念的理解和表达可能会有所不同，这进一步影响了人们的道德判断和行为选择。

图2-1为我们展示了人类与外部世界间接的、被调节的关系。在这个图示中，我们可以看到人类通过文化制品和文化概念与外部世界进行互动，而这些互动又受到心理现象的调节。这种调节过程不仅塑造了我们的思维方式和行为模式，还推动了我们高阶心智功能的发展。

图2-1 人类与外部世界间接的、被调节的关系[①]

总之，调节作为社会文化理论中的核心概念，为我们理解人类高阶心智功能的发展提供了重要的视角。通过深入研究调节与文化、心理现象之间的相互作用关系，我们可以更好地理解人类思维的本质和发展过程，为未来的研究和实践提供有益的启示。

对于儿童来说，维果斯基（1978）的观点指出，他们在成长过程中通过与成人的持续社会互动学会了使用符号工具，特别是语言。[②]但符号工具不

---

① 黄芳.社会文化理论视域下高职英语专业阅读课3E有效教学模式研究[J].林区教学，2024，（04）：85-90.

② Vygotsky, L. S. Mind in society: The development of higher psychological process[M]. Cambridge: Harvard University Press, 1978: 73.

第二章　高校英语专业教学

仅仅局限于语言。它们可以包括各种文化制品，如艺术、音乐、数学等，这些都能成为儿童调节自己和世界的桥梁。例如，儿童可以通过绘画来表达情感、观察世界和理解自我；通过音乐来调控情绪和创造意义；通过数学来逻辑思考和解决问题。

上述儿童高阶心智功能的发展过程，实际上是人类高阶心智功能发展过程的缩影。在人类的成长过程中，高阶心智功能会经历两次重要的转变，一次是在人际间的互动中，另一次则是在个体的内心世界中。这种从心理间层面到心理内层面的转变，被称为内化。内化是一个复杂的过程（图2-2），它反映了Vygotsky（1993）关于个体与环境之间辩证关系的深刻理解。Vygotsky坚信，个体的生物学基础和社会世界在塑造其心理功能方面都是不可或缺的。文化作为一种重要的影响因素，使得每个个体都能超越生物学的限制，实现更高层次的心智功能。

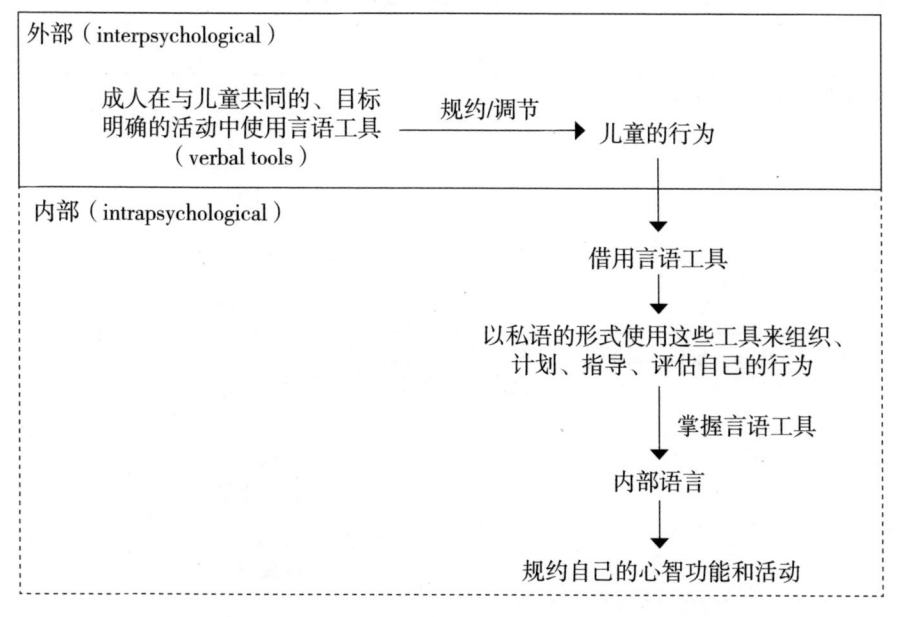

图2-2　儿童高阶心智功能发展的社会文化实践及其调节机制[①]

[①] 黄芳.社会文化理论视域下高职英语专业阅读课3E有效教学模式研究[J].林区教学，2024，（04）：85-90.

从社会文化理论的角度来看，高阶心智功能的发展是人类不断参与社会文化实践的结果。在这个过程中，个体通过文化制品、社会互动和概念等调节工具的帮助，将外部的符号工具内化为心理工具。这些心理工具在个体的心理活动中发挥着重要的调节作用，使得高阶心智功能得以形成和发展。

值得一提的是，这种从外到内的转化并不是孤立或自动发生的，而是需要文化制品和社会文化实践活动、概念和社会互动等调节工具的引导和调节。在学校教育中，科学概念和师生之间的对话互动对学习者的高阶心智功能发展具有特别重要的意义。通过这些互动和实践活动，学习者能够更好地理解和应用知识，从而促进其高阶心智功能的发展。

此外，高阶心智功能的发展过程也是一个不断学习和自我规约的过程。在这个过程中，个体需要不断地调整自己的认知和行为方式，以适应不断变化的环境和任务要求。这种自我规约的能力是高阶心智功能的重要组成部分，它使得个体能够更好地应对复杂的问题和挑战。

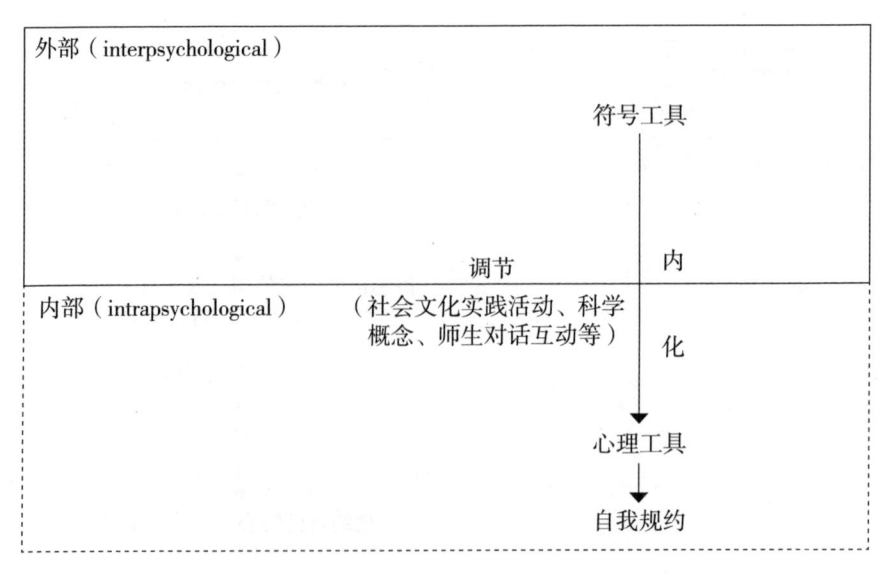

图2-3 学习的社会文化实践及其调节机制[①]

[①] 黄芳.社会文化理论视域下高职英语专业阅读课3E有效教学模式研究[J].林区教学，2024，（04）：85-90.

（二）社会文化理论在高校英语专业教学中的运用

社会文化理论在高校英语专业教学中的运用意义重大。它不仅为教师提供了一种全新的教学视角和方法，而且也为学生的学习和发展提供了有力的支持。因此，我们应该积极推广和应用社会文化理论，不断提高高校英语专业教学的质量和水平。

1.社会文化理论在高校英语专业教学中的运用意义

社会文化理论在高校英语专业教学中的运用意义是多方面的，它不仅提供了一种全新的教学视角，而且也为教师和学生打开了一扇通往更深层次学习和理解的大门。

首先，社会文化理论强调语言与社会的紧密联系，认为语言不仅仅是交流的工具，更是社会文化的载体。这一观点在高校英语专业教学中具有指导意义。它提醒教师，在教学过程中不仅要注重语言知识的传授，更要注重培养学生的跨文化交际能力，使他们能够在不同的社会文化背景下自如地运用英语。

其次，社会文化理论重视学习者的主体性和能动性，认为学习者是教学活动的积极参与者，而不是被动的接受者。这一观点在高校英语专业教学中具有实践价值。它鼓励教师采用以学生为中心的教学方法，激发学生的学习兴趣和积极性，使他们能够主动参与到教学活动中来，提高学习效果。

最后，社会文化理论还强调语境的重要性，认为语言的学习和运用都离不开具体的语境。这一观点在高校英语专业教学中具有指导意义。它提醒教师，在教学过程中要注重语境的创设和运用，帮助学生更好地理解和运用英语。

2.社会文化理论在高校英语专业教学中的运用策略

（1）文化与语言内在联系的必然要求

地方语言是地方文化的璀璨瑰宝，它承载着历史的沉淀和传承，流淌着当地的民俗风情。语言是文化的载体，文化是语言的根基，两者在内在联系上紧密相连，相互作用。因此，高校英语专业的教学工作，不仅要注重语言知识的传授，更要培养学生对文化背景的深入理解和尊重。

语言是文化的重要组成部分，是民族文化的根基。每种地方语言都蕴含着独特的地方历史演变过程，记录着当地人民的生活习俗、思想观念和精神追求。在学习英语的过程中，了解英语背后的文化背景，对于提高学生的语言运用能力和跨文化交际能力至关重要。

在跨文化交际中，文化与语言之间的关系表现得尤为明显。当双方进行交流时，如果能够对彼此的母语文化有着深入的了解，那么沟通的难度就会相对较小，交流会更为顺畅；反之，如果缺乏对文化背景的了解，就很容易产生误解和冲突。因此，高校英语专业的教学应该注重培养学生对不同文化背景的敏感性和包容性，帮助他们建立跨文化交际的意识和能力。

正是基于这种情况，传播学中衍生出了跨文化交际学这一新型学科。这一学科将语言、文化、交际进行了有效连接，旨在研究不同文化背景下的交际行为及其规律，为跨文化交际提供理论支持和实践指导。对于高校英语专业来说，将跨文化交际学纳入教学内容，是提高学生综合素质和人才培养质量的重要途径。

此外，高校英语专业在人才培养工作中，还应该特别重视中国传统文化的融入。中国传统文化是中华民族的精神财富，蕴含着丰富的哲学思想、道德规范、审美观念等。学习和传承中国传统文化，不仅可以培养学生的文化自觉和文化自信，还能够加深他们对世界文化的理解和欣赏。同时，中国传统文化的融入也能够增强学生的跨文化交际能力，使他们在国际交流中更好地展示中华文化的魅力。

（2）革新英语专业教学模式的需要

在中国的传统英语专业教学中，教师通常将重心放在培养学生的语言技巧和知识积累上，以确保学生具备扎实的英语基础和流利的口语表达能力。然而，在这一过程中，对于中国传统文化的学习和传承却往往被忽视，这在一定程度上限制了学生跨文化交流的能力。为了弥补这一缺陷，教师需要在教学中融入中国传统文化，以提高学生的综合素养，增强他们的文化自信。

首先，将中国传统文化融入英语专业教学，可以帮助学生更好地理解中西方文化差异。中国传统文化源远流长，博大精深，蕴含着丰富的哲学思想和道德规范。通过学习中国传统文化，学生可以更深入地了解中国人的思维方式和行为习惯，从而在与外国人交流时减少误解和冲突。例如，在学习中国传统节日、习俗和礼仪时，学生可以了解到中国人对家庭、亲情和友情的重视，这对于建立和谐的人际关系至关重要。

其次，中国传统文化的学习可以提高学生的综合素质。中国传统文化中蕴含的深厚处世哲学，如儒家思想、道家思想等，对于培养学生的道德品质、审美情趣和创新能力具有积极作用。通过学习这些哲学思想，学生可以树立正确的人生观、价值观和世界观，提高自己的综合素质。同时，中国传统文化中的诗词歌赋、书法绘画等艺术形式，也可以培养学生的审美能力和创造力。

最后，将中国传统文化融入英语专业教学，还可以起到传播和弘扬中国传统文化的作用。在全球化的背景下，跨文化交流日益频繁，让更多人了解和认同中国传统文化显得尤为重要。在教学中介绍中国传统文化的精髓，可以激发学生的学习兴趣和自豪感，使他们成为传播中国文化的使者。

为实现这一目标，教师需要创新教学方法，将中国传统文化与英语教学相结合。例如，可以通过组织主题讨论、角色扮演、文化体验等活动，让学生在实践中感受中国文化的魅力。同时，教师还可以利用现代教学技术，如多媒体、网络资源等，为学生呈现丰富多样的中国文化内容。

（3）提升文化软实力的要求

在全球化的今天，不同国家之间的文化交流日益频繁，而英语专业教学则肩负着培养跨文化交流人才的重要使命。由于各国经济体系、信仰以及历史存在差异，因此各个国家的文化呈现出丰富多彩的面貌。英语专业的学生不仅需要掌握扎实的语言技能，更需要深入了解不同文化背景，学会尊重并欣赏他国文化，同时也要积极传播本国的优秀传统文化。

培养学生对中华优秀传统文化的认同感和自豪感至关重要。中华文化源远流长，博大精深，具有独特的魅力和价值。在英语专业教学中，教师应注重引导学生学习中华文化的精髓，如诗词歌赋、书法绘画、传统节日等，让学生深刻感受到中华文化的魅力。同时，通过比较中西方文化的异同，让学生正确看待两种文化之间的关系，避免盲目崇拜或贬低任何一方。

随着经济全球化的深入发展，我国与其他国家的交流日益密切。在这种背景下，如何让中国传统文化更好地走向世界，实现与西方文化的良好融合，成为教育教学需要深入思考的问题。为此，英语专业教学应积极探索将中国传统文化融入课程的方式方法，如开设中华文化英语课程、组织文化交流活动等，让学生在实践中感受并传播中华文化。

融入中国传统文化的教学有助于提升我国文化软实力。文化软实力是一个国家综合实力的重要组成部分，它体现了国家的文化影响力、文化创新能力和文化吸引力。英语专业学生通过学习中华优秀传统文化，不仅能够在跨文化交流中展现出独特的魅力，还能够为提升我国文化软实力贡献力量。例如，通过向外国友人介绍中国的传统节日、风俗习惯等，让更多人了解、感知中国传统文化的独特魅力，从而增强我国在国际舞台上的文化影响力。

总之，在英语专业教学中融入中国传统文化具有重要意义。这不仅能够培养学生的跨文化交流能力，还能够让他们更好地传承和弘扬中华优秀传统文化，为提升我国文化软实力贡献力量。在未来的教育教学中，我们应继续探索如何将中国传统文化与英语专业教学相结合，培养更多具有全球视野和跨文化交流能力的优秀人才。

第四节　高校英语专业教学的创新模式

教学模式，作为教育领域中一个核心概念，一直以来备受学者们的关注和研究。不同国家和文化背景下的学者，根据自身的研究方向和研究重点，对教学模式提出了不同的解释和理解。尽管存在多种解释，但对于教学模式的共识和理解还是存在一定的共同之处。本节就以高校英语专业课程为例，对其教学模式进行深入的探讨。

一、宏观教学模式

宏观教学模式，亦被称为"教学过程模式"，是一种全面而系统的教学理论框架。这一概念最初由加拿大教学法专家斯特恩（H. Stern）提出，旨在提供一个全面的视角，以理解和优化教学过程。斯特恩认为，宏观教学模式主要包含四个核心的可变因素,这些因素相互作用,共同影响教学效果。

首先,我们来看看社会环境这一因素。社会环境是一个不可忽视的因素,它直接作用于教师和学生,间接作用于整个教学过程。社会环境包括了文化背景、社会规范、教育政策等多个方面,这些因素都会对教学产生深远影响。例如,在不同的文化背景下,学生的学习方式和习惯可能会有所不同,教师需要灵活调整教学策略以适应这些差异。同时,社会环境和教育政策的变化也可能带来新的教学挑战和机遇,教师需要时刻保持敏锐的洞察力,以应对这些变化。

其次,预示因素也是宏观教学模式中的重要组成部分。预示因素主要包括学生特性和教师特性。学生是教学过程中的主体,他们的年龄、性别、性格、学习习惯等因素都会影响到教学效果。而教师作为引导者,他们的教学经验、教学方法、专业素养等也会对教学效果产生重要影响。因此,教师和学生的特性都需要在教学过程中得到充分考虑,以便更好地促进教学效果的提升。

再次,过程因素是整个教学的核心。教学过程是教师通过使用教材和其他教学设备,引导学生进行学习活动的过程。在这个过程中,教师需要精心设计教学活动,激发学生的学习兴趣和积极性,同时还需要根据学生的反馈及时调整教学策略。此外,教师还需要关注学生的学习过程,帮助他们掌握有效的学习方法,提高学习效率。

最后,学习效果是宏观教学模式的归宿。学习效果指的是学生经过教学过程后所获得的语言运用能力,主要包括认知学习效果和情感学习效果。认知学习效果是指学生在语言知识和技能方面的提升,而情感学习效果则是指学生在学习过程中形成的积极态度和情感体验。良好的学习效果不仅能够提升学生的语言习得能力,还能够促进他们的全面发展。

在高校英语专业教学过程中,教师应当在宏观教学模式的指导下进行教学。这意味着教师需要全面考虑社会环境、预示因素、过程因素和学习效果这四个方面的影响,以确保教学的科学性和有效性。同时,教师还需要不断学习和探索新的教学方法和策略,以适应不断变化的教学环境和学生需求。只有这样,我们才能培养出更多具有全球视野和跨文化交流能力的人才。

二、中观教学模式

中观教学模式，亦称"大纲设计模式"，是一种具体的教学法模式，其核心理念在于根据特定的教学环境和条件，灵活调整教学过程。这种模式的运用，使得教学者能够根据学生的学习需求、教学目标和可用资源，科学安排教学进程，最大限度地发挥教学各要素对学习的促进作用。

在澳大利亚教育界的视角下，语言课程的各部分并非孤立存在，而是相互关联、互为影响。课程中的任何一个环节的变化，都可能对其他环节产生深远的影响。因此，中观教学模式强调教学者应具备全局观念，从整体出发，精心设计每一个教学步骤，确保它们之间的衔接和协调。

具体到高校英语专业教学过程中，教学者需要特别关注通用英语教学与高校英语专业教学之间的关系。通用英语教学旨在培养学生的基础语言技能，如听、说、读、写等，而高校英语专业教学则更侧重于特定领域或职业场景下的英语应用。尽管两者在教学内容和方法上有所区别，但它们共同服务于学生的英语学习需求。因此，教学者需要在中观教学模式的指导下，妥善处理通用英语教学和高校英语专业教学之间的关系，使它们相互促进，共同推动学生的英语能力发展。

为了实现这一目标，教学者可以采取以下策略：首先，明确高校英语专业教学目标，确保它与通用英语教学目标相互补充；其次，根据高校英语专业教学需求，调整通用英语教学内容和方法，使之更加贴近实际应用；最后，通过具体的教学步骤和活动，将通用英语教学和英语专业教学有机地结合起来，使学生在掌握基础语言技能的同时，也能在特定领域或职业场景下运用英语。

通过以上措施，教学者可以在中观教学模式的框架下，更好地处理通用英语教学与高校英语专业教学的关系，实现两者的相互促进，为学生的英语学习提供更加全面、系统的支持。这种教学模式的运用，不仅有助于提高学生的英语应用能力，还能培养他们的自主学习能力，为未来的学习和职业发展奠定坚实的基础。

三、微观教学模式

微观教学模式，亦被称为"课堂教学模式"，是一种细致入微的教学方法，它详细规划了教学活动中的每一个环节，包括教学目标、教学内容、教学方法、教学步骤、教学评价等。这种教学模式强调教学的系统性和可操作性，有助于教师更好地组织教学活动，提高教学效果。

在高校英语专业教学中，微观教学模式的应用尤为重要。高校英语专业教学旨在培养学生运用英语进行特定职业或学术领域交流的能力，因此，教学者需要根据学生的需求和目标，选择适合的微观教学模式。以下是几种常见的高校英语专业教学中的微观教学模式。

（一）任务型教学模式

任务型教学模式，一种源自20世纪80年代的教学法，主张学习者通过完成任务来掌握相应的语言形式。这种教学模式在高校英语专业教学中尤为适用，因其能针对性地提高学生的语言能力，并充分发挥学生的学习主观能动性。

任务型教学模式的核心特征体现在以下几个方面。

首先，它的教学目标明确。任务型教学注重实际应用，旨在通过完成任务使学生掌握特定情境下的语言使用。在高校英语专业教学中，这种明确性尤为重要，因为它能帮助学生更快地适应特定的行业或职业环境。

其次，任务型教学模式强调语言教学环境的多样性。这种教学模式不仅限于传统的教室环境，还可以扩展到各种实际场景，如模拟会议、商务谈判等。这种多样化的教学环境有助于提高学生的语言应用能力和跨文化交际能力。

再次，任务型教学模式在教学过程中非常注重学生的参与性。学生不再是被动接受知识的对象，而是成为主动参与任务完成的主角。他们需要在教师的引导下，通过小组讨论、角色扮演等方式，积极参与任务的完成过程。这种参与性不仅提高了学生的学习兴趣和动力，还有助于培养他们的团队协作能力和问题解决能力。

最后，教师在任务型教学模式中发挥着脚手架的作用。教师需要精心设计任务，提供必要的指导和支持，帮助学生顺利完成任务。同时，教师还需要对学生的学习过程进行监控和评估，以便及时调整教学策略和满足学生的学习需求。

尽管任务型教学模式在高校英语专业教学中具有诸多优势，但其实施也面临一些挑战。一方面，这种教学模式对教学者对任务的编排能力有一定的要求。教师需要具备丰富的行业知识和教学经验，才能制定出既符合教学目标又贴近实际情境的任务清单。另一方面，由于我国具体的教学实际，这种教学模式的实施还缺乏相应教学实践的指导。因此，在推广和应用任务型教学模式时，我们需要结合我国的实际情况，探索合适的教学方法和策略。

（二）浸没型教学模式

浸没型教学模式是一种颇受欢迎的教学方法，它强调语言与学科内容的紧密结合，旨在使学生通过掌握学科内容来提高语言能力。这种教学模式起源于加拿大，并逐渐传播到美国和其他地区。浸没型教学模式的核心观念是，第二语言不仅是学习的内容，同时也是学习其他学科知识的工具。

浸没型教学模式的主要特点在于它将语言学习与学科知识学习融为一体。在这种模式下，学生不仅在语言课上学习语言，而且在其他学科的学习中也不断运用和巩固所学的语言。这种教学方法有助于学生在实际情境中运用语言，提高他们的语言应用能力和学科素养。

然而，浸没型教学模式也存在一些局限性。它过于强调学科内容的掌握，往往忽视了学生实际交际能力的培养。在这种模式下，学生可能只是机械地记忆和复述学科知识，而缺乏真正的语言交流和沟通能力。因此，尽管学生能够掌握一定的学科知识，但他们的实际交际能力却得不到提高与发展。

为了克服这一局限性，教师在实施浸没型教学模式时应该注重培养学生的实际交际能力。例如，教师可以设计一些具有实际意义的交际活动，让学生在活动中运用所学的语言进行真实的交流。此外，教师还可以鼓励学生参与小组讨论、角色扮演等互动活动，以提高他们的语言运用能力和交际能力。

第三章 中华优秀传统文化融入高校英语专业教学

中华优秀传统文化融入高校英语专业教学，不仅有助于传承和弘扬中华优秀传统文化，还能提升英语专业学生的跨文化交际能力。将中华优秀传统文化融入英语专业教学中，可以使学生更好地理解和欣赏中华文化的魅力，增强文化自信心和自豪感。本章就基于高校英语专业教学中的"中华文化失语"现象来具体分析中华优秀传统文化融入高校英语专业教学的现状、意义与具体策略。

第一节 高校英语专业教学中的"中华文化失语"现象

一、"中国文化失语"的内涵

"中国文化失语"这一概念，首次由南京高校的教授从丛在2000年提出。他在《光明日报》上发表的《"中国文化失语"：我国英语教学的缺陷》一文中，深刻剖析了我国基础英语教学中存在的问题。[①]

（一）中国文化失语症：英语教学的文化缺失

从丛教授指出，我国基础英语教学长期以来忽视了中国文化的英语表达教育，这导致了学生在英语学习中难以有效传播和弘扬中华文化。这种"中国文化失语症"不仅影响了学生跨文化交流的能力，也限制了他们在全球化背景下的文化互补与融合。

（二）文化交流障碍：缺乏中国文化含量的英语教学

由于缺乏中国文化含量的英语教学，我国学生在国际交往中常常面临多层面交流障碍。这些障碍主要表现为"理解障碍"，即学生在理解外国文化时存在困难。同时，由于英语教学中缺乏对中国文化的介绍和表达，学生在向外国人介绍中国文化时也显得力不从心，这进一步加大了国际交流的障碍。

[①] 魏朝夕.大学英语文化主题教学探索与实践[M].北京：中国农业科学技术出版社，2010：194–195.

(三)双向交际与文化共享：跨文化交流的关键

从丛教授强调，交际行为是"双向"的，跨文化交流不仅包括对交流对象的"理解"，还涉及与交际对象的"文化共享"和对交际对象的"文化影响"。在某些情况下，后两者对于成功交际甚至更为重要。因此，我国英语教学应增加中国文化含量，帮助学生提高跨文化交流能力。

二、高校英语专业教学中的"中华文化失语"

高校英语专业教学中的"中华文化失语"现象，是指在教学过程中，由于各种原因导致学生对中华文化的理解和表达能力不足，无法有效地传达中华文化的精髓和价值观。这种现象的存在，不仅影响了学生的综合素质和跨文化交际能力，也制约了中华文化的传承和发展。

造成"中华文化失语"现象的原因有多方面。首先，英语专业的教学重点往往放在语言技能和语言知识的掌握上，而缺乏对中华文化的深入研究和教学。这导致学生虽然掌握了英语，但对中华文化的理解和表达能力却不足。其次，一些教师自身对中华文化的认知和理解也存在不足，难以有效地传授给学生。此外，一些学生由于文化背景、语言环境等原因，对中华文化缺乏兴趣和热情，也导致了"中华文化失语"现象的出现。

为了解决这个问题，我们需要从多个方面入手。首先，英语专业的教学应该加强对中华文化的重视和研究，将中华文化的元素融入教学中，让学生在语言学习的过程中，也能深入了解和感受中华文化的魅力。其次，教师应该提高自身对中华文化的认知和理解，不断更新教学方法和手段，使学生更好地掌握中华文化的精髓。同时，学生也应该增强对中华文化的兴趣和热情，主动学习和了解中华文化，提高自身的综合素质和跨文化交际能力。

总之，"中华文化失语"现象是高校英语专业教学中需要重视和解决的问题。只有加强对中华文化的重视和研究，提高教师和学生的文化素养和跨文化交际能力，才能更好地传承和发展中华文化，为中华民族的伟大复兴贡献力量。

第二节　中华优秀传统文化融入高校英语专业教学的现状

一、不恰当的母语迁移

高校英语专业教学中存在不恰当的母语迁移现象，这是一个值得深入探讨的问题。母语迁移，简单来说，是指在学习第二语言时，学习者会无意识地受到母语的影响，从而在发音、语法、词汇、表达等方面产生偏差。这种迁移现象在一定程度上会影响学习者的语言学习效果，甚至可能阻碍他们达到流利的第二语言水平。

在高校英语专业教学中，不恰当的母语迁移现象主要表现在以下几个方面。

第一，发音方面。由于英语和中文的发音系统存在很大差异，学生在发音时往往会受到母语的影响，导致发音不准确。例如，一些元音和辅音的发音在英语和中文中是不同的，学生可能会混淆这些发音，从而产生发音错误。

第二，语法方面。英语和中文的语法结构也存在很大差异。学生在学习英语语法时，往往会受到中文语法的影响，导致语法错误。例如，英语中的时态和语态与中文有很大的不同，学生可能会忽略这些差异，从而产生语法错误。

第三，词汇方面。英语和中文的词汇虽然有很多相似之处，但也有很大的差异。学生在学习英语词汇时，往往会受到中文词汇的影响，导致词汇使用不当。例如，一些英语词汇在中文中没有对应的词汇，学生可能会用中文词汇来替代，从而产生词汇错误。

二、不了解汉英词语的文化差异

在高校英语专业教学中存在不了解汉、英词语的文化差异这一问题，确实是一个亟待关注和解决的课题。文化差异是导致在语言学习中误解和困惑的常见原因之一，对于英语专业的学生来说，理解并掌握汉英词语背后的文化内涵尤为重要。

这种文化差异体现在许多方面，如习语、俚语、比喻和象征意义的差异。例如，某些在汉语中具有特定文化背景的词汇，在英语中可能没有直接对应的表达，或者其含义在英语中完全不同。反之亦然，英语中的一些表达在汉语中也可能找不到直接对应的词汇或具有不同的文化内涵。

三、违反英语语言习惯

在高校英语专业教学中存在违反英语语言习惯和规则的现象，这种现象不利于提高学生的英语水平和语言交际能力。

首先，在高校英语专业教学中存在的一个问题是过于注重语法和词汇的教学，而忽略了语言交际的实际应用。许多教师在课堂上花费大量的时间讲解语法规则和词汇用法，而忽略了培养学生的口语和写作能力。这导致学生往往只能掌握一些基本的语法和词汇知识，而不能灵活运用语言进行交际。

其次，在高校英语专业教学中还存在一个问题是教学内容和方法过于单一。许多教师只关注教材的内容，缺乏创新和变化，导致学生感到枯燥乏味，缺乏学习兴趣。此外，一些教师仍然采用传统的"填鸭式"教学方法，缺乏与学生的互动和交流。这种教学方式不仅不能提高学生的学习效果，反而会抑制学生的学习兴趣和积极性。

最后，在高校英语专业教学中还存在一个问题是缺乏实践机会。许多学生只能在课堂上学习理论知识，而缺乏实际应用英语的机会。这导致学生往往无法真正掌握英语，更无法流利地进行英语交际。

四、课程设置和教材选择不合理

从课程设置和教材选择来看，当前的高校英语专业教学往往过于注重英语语言知识和技能的培养，而对中国文化的介绍和传播则相对不足。教材过多关注语言规则，忽略了语言背后的文化背景，导致学生难以深入了解中华文化的精髓和特色。

在当前的高校英语专业教学中，课程设置和教材选择呈现出一种明显的倾向：过度聚焦于英语语言知识和技能的培养，而对中国文化的介绍和传播则显得相对薄弱。这种倾向不仅限制了学生全面了解中华文化的机会，也在一定程度上阻碍了他们跨文化交流的能力的提升。

首先，从课程设置的角度来看，许多高校英语专业教学将重点放在语言技能的训练上，如听、说、读、写等。这无疑是非常重要的，因为语言技能是进行有效沟通的基础。然而，这种对语言技能的过度强调往往导致了对文化知识的忽视。

其次，在教材选择方面，现有教材往往过多关注语言规则的学习，而忽略了语言背后的文化背景。这种"去文化化"的教学方式导致学生在使用英语表达中国文化时感到困难，无法准确地传达中华文化的精髓和特色。

五、教师教学方法不当

在当前的教学环境中，教师的教学方法直接影响着学生的学习效果和认知发展。然而，一个值得我们关注的问题是，部分教师在教学过程中过于注重英语文化的输入，而忽视了对中国文化的传播和弘扬。这种教学方法不仅限制了学生对中华文化的深入理解和认知，也影响了他们在跨文化交际中的有效表达。

首先我们需要明确一点，英语作为一门国际通用语言，其文化的传播和学习无疑是重要的。然而，这并不意味着我们可以忽视对中国文化的传承和弘扬。毕竟，文化是一个国家、一个民族的灵魂，它承载着历史、传统和价值观。在全球化的大背景下，跨文化交际的能力变得越来越重要。而这种能力不仅包括对外来文化的理解和认知，更包括对自己文化的自信和传播。

其次，过度强调英语文化输入的教学方法可能导致学生对中华文化的认知缺失。语言是文化的重要载体，通过学习一门外语，我们可以更好地了解另一种文化。然而，如果在教学过程中只强调英语文化的输入，而忽视了中国文化的传播，那么学生很可能会对中华文化产生陌生感，甚至产生自卑心理。这种心理状态不仅会影响他们对中华文化的认同感和自豪感，也会阻碍他们在跨文化交际中的有效表达。

六、英语教材中缺乏中华文化的内容

在深入探讨英语教材中中华文化内容的缺失问题时，我们不得不反思现行的教育体制和教材编写理念。当前，多数高校英语专业教材和课程设置主要侧重于西方文化，这无疑限制了学生对于中华文化的深入了解和传播。这种倾向不仅影响了学生的文化认同感，也在一定程度上削弱了中华文化的国际影响力。

首先，英语教材中中华文化内容的缺失，反映了在教育体系中对于多元文化的忽视。在全球化的背景下，文化交流与融合已成为不可逆转的趋势。然而，我们的英语教育却过于强调对西方文化的吸收，而忽视了本土文化的输出。这种单向度的教育模式，不仅限制了学生的文化视野，也削弱了他们在跨文化交流中的自信和表达能力。

其次，缺乏中华文化的英语教材，不利于培养学生的文化自觉和文化自信。文化自觉是指对自身文化的认知和反思，文化自信则是对自身文化的认同和自豪。在缺乏中华文化的英语教材中，学生很难形成对中华文化的深刻理解和认同，更难以在跨文化交流中展现文化自信。

七、中华文化在英语专业考试中的地位边缘化

随着全球化的进程加速，英语作为国际通用语言的重要性日益凸显。然而，在英语专业的教学过程中，我们不禁要思考一个问题：中华文化在英语专业考试中的地位是否得到了应有的重视？

目前，我们可以看到，尽管部分英语专业考试会涉及中华文化相关题目，但其题量和分值相对较少。这种现象的存在，导致学生在备考过程中，对中华文化的重视程度远远不够。这不是一个简单的教学问题，更涉及对中华文化传承与发扬的深度思考。

分析其原因，一方面，这可能与考试制度的设计有关。在很多英语专业考试中，往往更注重对学生语言能力的测试，如阅读理解、听力理解、写作等，而对有关中华文化的知识和能力的考查相对较少。另一方面，这也可能与教学导向有关。在一些英语专业的课程设置中，对中华文化的涉及并不充分，导致学生对中华文化的了解和掌握程度有限。

第三节　中华优秀传统文化融入高校英语专业教学的意义

随着全球化的深入发展，英语作为国际交流的主要语言，在高校教育中扮演着举足轻重的角色。然而，在强调英语交流能力的同时，我们不应忽视母语文化的重要性。将中华优秀传统文化融入高校英语专业教学，不仅有助于提升学生的跨文化交际能力，还具有深远的意义。

一、有助于培养学生的文化自信

在全球化的浪潮中，英语作为一门国际通用语言，其重要性不言而喻。然而，在追求国际化教育的同时，我们不应忽视对本土文化的传承与弘扬。将中华优秀传统文化融入高校英语专业教学，不仅有助于培养学生的文化自信，更是对本土文化的传承与发扬。

文化自信是一个国家和民族的灵魂，是推动国家发展、民族团结的强大精神动力。在全球化的今天，文化交流与融合日益成为时代特征。西方文化在一定程度上占据了主导地位，而本土文化在这一过程中往往被边缘化。因此，培养学生的文化自信显得尤为重要。

将中华优秀传统文化融入高校英语专业教学，是实现文化自信培养的有效途径。英语作为一门语言学科，具有传播文化、沟通思想的功能。在高校英语专业教学中融入中华优秀传统文化，可以让学生在掌握语言技能的同时，更好地理解和传播自己的中华优秀传统文化。这样，学生在跨文化交流中不仅能够自信地展示本土文化的魅力，还能有效抵制文化同质化现象，维护文化多样性。

二、有助于提升高校英语专业教学的质量和效果

融入中华优秀传统文化对于提升高校英语专业教学的质量和效果具有显著的影响。英语，作为一门语言学科，其学习远不止于对语法和词汇的掌握，更涉及对背后文化的深入理解和体验。因此，将中华优秀传统文化融入英语教学，不仅能够丰富教学内容，更能有效地激发学生的学习兴趣，从而优化教学效果。

首先，中华优秀传统文化的引入能够极大地丰富英语教学内容。中国的传统文化源远流长，包含了诗词、书法、绘画、音乐、哲学等多个方面，这些都是宝贵的教学资源。将这些元素融入英语教学，可以让学生在学习语言的同时，更深入地了解中国文化的魅力和精髓。比如，在学习英语词汇和句

型时，可以结合古诗词进行教学，让学生通过感受古诗词的韵律和意境，更好地理解和记忆英语知识。

其次，中华优秀传统文化的融入有助于激发学生的学习兴趣。对于许多学生来说，英语可能是一门枯燥无味的学科，但如果能够将中华优秀传统文化与之相结合，就可以使教学内容更加生动有趣。例如，在英语课堂上讲解中国的传统节日，如春节、中秋节等，可以让学生通过了解节日的起源、习俗和庆祝方式，增加对英语学习的兴趣和热情。

最后，这种跨文化的教学方式还有助于培养学生的批判性思维和创新能力。在引入中华优秀传统文化的过程中，学生不仅可以学习到中国的传统文化知识，还可以通过对不同文化的比较和分析，培养自己的批判性思维。同时，在了解和接受中华优秀传统文化的过程中，学生也可以从中汲取灵感，激发自己的创新思维，为未来的学习和工作打下坚实的基础。

三、有助于推动中华文化的国际传播

将中华优秀传统文化融入高校英语专业教学，对于推动中华文化的国际传播具有深远的意义。随着中国经济和文化的快速发展，以及中国国际地位的显著提升，全球范围内对中华文化的兴趣和关注度也在与日俱增。在这一背景下，高校英语专业作为培养国际交流人才的重要基地，承载着传播中华文化的重要使命。

首先，将中华优秀传统文化融入高校英语专业教学，有助于增强学生的文化自信和文化自觉。通过学习中华优秀传统文化，学生可以更加深入地了解中华民族的历史、文化、价值观和精神风貌，从而增强对中华文化的认同感和自豪感。这种文化自信将成为学生未来在国际交流中展示中华文化魅力的重要支撑。

其次，将中华优秀传统文化融入高校英语专业教学，有助于提升国际学生的文化素养。通过专业课程的学习，国际学生可以更加全面地了解中华文化的深厚底蕴和独特魅力，增进对中华文化的理解和欣赏。这种跨文化的交流和理解，有助于促进国际学生与中国学生之间的友谊和合作，推动不同文化之间的和谐共处。

最后,将中华优秀传统文化融入高校英语专业教学,还有助于培养具有国际视野的中华文化传播者。这些具备良好语言能力和文化素养的传播者将成为中华文化走向世界的重要力量,通过他们的努力,中华文化的精髓和魅力将得以更广泛地传播到世界各地。

第四节　中华优秀传统文化融入高校英语专业教学的策略

文化的交流与融合在英语专业文化课程中扮演着至关重要的角色,尤其是中西文化的交流与融通。这种交流不仅有助于我们更全面地理解西方文化,同时也为中国文化的国际传播提供了宝贵的机遇。英语专业文化课程的核心目标之一是促进中西文化的交流与融合。通过对比和探讨不同文化背景下的价值观、习俗、信仰等,我们可以更深入地理解彼此的文化特色,从而增强文化自觉和文化自信。这种交流不仅有助于拓宽我们的文化视野,更能激发我们对于文化多样性的尊重和欣赏。高校英语专业教师在这一过程中发挥着举足轻重的作用。他们应该具备敏锐的社会洞察力,站在时代的前沿,为学生补充母语文化内容,培养他们的超语言意识。这意味着高校英语专业教师不仅要关注语言知识的传授,更要关注文化意识的培养。他们应该引导学生关注母语文化社会的发展,使他们具备跨学科的知识视野,学会辩证地看待问题。只有这样,高校英语专业文化课堂才能真正实现语言、社会、文化的互动。在这样的课堂上,学生不仅能够学到语言知识,还能在跨文化交流中提升自我认知,增强文化自信。这样的课堂将培养出具有文化自信和文化自觉的新一代青年,他们将成为推动文化交流与融合的重要力量。

一、采用具体模式培养社会主义核心价值观

(一)采用"对分"教学模式构建学生核心价值观

在高校英语专业教学中采用"对分"教学模式构建学生核心价值观教育,不仅能够提升学生的学习效果,还能有效地培育学生的道德情感和社会责任感。在这种教学模式下,教师和学生之间的互动更加频繁和深入,学生有机会主动参与到课堂讨论中,表达自己的观点和见解。

通过"对分"教学模式,教师可以将核心价值观教育融入英语专业的各个教学环节中。例如,在阅读教学中,教师可以选取具有深刻思想内涵和人文价值的英文原著,引导学生深入阅读并展开讨论,让学生在阅读过程中感受到作者所传达的核心价值观。在听力教学中,教师可以选取涉及社会热点和时事问题的听力材料,让学生在听取信息的同时,思考如何运用所学知识解决实际问题。

此外,在"对分"教学模式下,教师还可以组织学生进行小组讨论、角色扮演等互动活动,让学生在合作和交流中深化对核心价值观的理解。这种教学模式不仅能够培养学生的团队协作能力和沟通能力,还能让学生在互动中相互启发、相互学习,共同提升核心价值观教育的效果。

总之,在高校英语专业教学中采用"对分"教学模式构建学生核心价值观教育,是一种有效的教学方法。通过这种模式,教师可以更好地引导学生深入思考、积极参与,让学生在专业知识的学习中不断提升自己的道德素质和增强社会责任感。

(二)基于中西方传统节日翻译的学生核心价值观教育

在全球化的今天,跨文化交流显得尤为重要。作为英语专业的学生,他们不仅需要掌握扎实的语言基础,更需要了解不同文化背景下的价值观,以更好地进行跨文化交流。中西方传统节日作为各自文化的重要组成部分,其翻译过程不仅是对语言技能的考验,更是对文化理解和价值观认同的检验。

因此，在高校英语专业教学中，基于中西方传统节日翻译的学生核心价值观教育显得尤为重要。

首先，中西方传统节日的翻译教学，可以帮助学生更深入地了解中西方文化的异同。中国的传统节日如春节、中秋节等，强调家庭团聚、和谐美满；而西方的节日如圣诞节、感恩节等，则更加注重感恩、分享和亲情。通过对比这些节日的内涵和庆祝方式，学生可以更加清晰地认识到不同文化背景下的价值观差异，从而增强对多元文化的理解和尊重。

其次，中西方传统节日的翻译教学，可以培养学生的跨文化交际能力。在翻译过程中，学生需要准确地传达节日的文化内涵和价值观，这要求他们不仅要具备扎实的语言基础，还需要具备敏锐的文化意识和跨文化交际能力。通过不断的实践和反思，学生可以逐渐提高自己的跨文化交际能力，为未来的国际交流作好准备。

最后，中西方传统节日的翻译教学，可以培养学生的社会主义核心价值观。在翻译中，学生需要深入理解节日的文化内涵和价值观，从而形成自己的价值判断。在这个过程中，教师可以引导学生认识到社会主义核心价值观的重要性，鼓励他们积极践行这些价值观，成为具有社会责任感和国际视野的新时代青年。

（三）在高校英语专业教学中英美经典电影节选与学生核心价值观教育

随着全球化的推进和国际交流的日益频繁，高校英语专业教学已经不局限于语言知识的传授，更重视培养学生的跨文化交流能力和批判性思维。在这一背景下，英美经典电影节选作为一种独特的教学资源，正逐渐受到教育工作者的重视。将英美经典电影引入英语专业教学，不仅可以丰富教学内容，提高学生的学习兴趣，还能有效地促进学生核心价值观的形成。

英美经典电影节选为学生提供了一个直观了解英美文化的窗口。电影作为一种大众文化形式，能够生动地展现一个国家的历史、风俗、价值观等。通过观看英美经典电影，学生可以深入了解英美社会的文化背景，增强对异国文化的理解和尊重。这种跨文化的学习体验有助于培养学生的国际视野和跨文化交流能力。

英美经典电影节选有助于培养学生的批判性思维。许多英美经典电影都蕴含着深刻的社会寓意和人生哲理，通过观看这些电影，学生可以学会从不同角度思考问题，培养独立思考和批判性思维的能力。同时，电影中的情节和人物形象也能激发学生的情感共鸣，促使他们反思自己的价值观和行为准则。

英美经典电影节选还能有效地促进学生核心价值观的形成。核心价值观是一个国家、一个民族的精神支柱，也是个人成长的重要导向。通过观看英美经典电影，学生可以接触到不同的价值观念，从而对自己的价值观进行审视和调整。这种价值观的碰撞和融合有助于学生形成积极向上的核心价值观，如爱国主义、诚信友善、勤奋创新等。

总之，在高校英语专业教学中引入英美经典电影节选是一种有益的尝试。通过这种教学方式，不仅可以丰富教学内容，提高学生的学习兴趣，还能有效地促进学生核心价值观的形成。同时，这种教学方式也有助于培养学生的跨文化交流能力和批判性思维，为他们未来的国际交流和职业发展打下坚实的基础。

二、以"课程论"为导向进行高校英语专业文化教学改革

泰勒提出的课程框架的四个要素：课程目标、课程内容、课程实施、课程评价，为高校英语专业文化教学改革提供了理论指导。

（一）课程目标——传播中国文化

在全球化的大背景下，文化自信成了一个国家、一个民族不可或缺的精神支柱。对于高校英语专业而言，文化教学不仅是语言学习的延伸，更是培育学生文化自信的重要途径。因此，完善教学目标，构建科学、全面的文化教学体系，显得尤为重要。

回顾高校英语专业文化教学的历史，我们可以发现其课程目标并非一成不变，而是紧随国家战略的发展而不断调整和完善。在改革开放前30年，中国正处于逐渐走向世界的阶段，外语作为沟通桥梁的角色被赋予了充分的"合法性"。因此，高校英语专业的教学重点更多地放在了语言技能的培养上，文化教学往往只是作为附属品存在。

然而，随着改革开放的深入和全球化的加速，中国逐渐走向了国际舞台的中心。在这样的背景下，"文化强国"战略与"中国文化走出去"战略成为国家发展的重要战略。这一转变不仅体现了国家对文化软实力的重视，也为高校英语专业文化教学提供了新的发展机遇。

高校英语专业文化教学的目标不再仅仅是传授语言知识，更重要的是通过文化教学，培养学生的跨文化交流能力，增强他们的文化自信。这意味着在教学过程中，不仅要关注目的语文化的传授，还要加强对母语文化、本土文明的学习和传承。这样的教学目标有助于帮助学生克服不良学习的倾向，转向弘扬"中国化"，从而在学习他国经验的同时，更好地传播中国文化。

为了实现这一教学目标，高校英语专业需要采取一系列的策略和措施。首先，要优化课程设置，增加文化课程的比重，确保学生能够在学习过程中深入了解不同文化的内涵和特点。其次，要加强师资队伍建设，培养一批具有跨文化交流能力和深厚文化素养的教师队伍。最后，还可以通过开展丰富的文化实践活动，如文化节、文化展览等，为学生提供更多亲身感受不同文化的机会。

（二）课程内容——鼓励"中国英语"

高校英语专业文化教学在全球化语境下肩负着双重使命：既要引导学生深入学习西方文化，又要积极传播中国文化。那么，如何设计课程内容，使之既能满足西方文化的学习需求，又能有效传播中国文化呢？我们需要关注两个方面：文化认知和文化认同。

从文化认知的角度来看，"中国英语"不仅传达了中国的传统文化，如思想、教育、艺术、科学、历史、建筑等，还要展现当代中国的基本国情和发展成果。这些元素共同构成了中国的文化认知体系，让外界更加全面地了解中国。

从文化认同的角度来看，"中国英语"不仅仅是对过去的缅怀或乡愁的表达，更是对现在的定位和对未来的设想。它需要在文化交流中传承中国文化，让外界看到中国文化的独特魅力和发展潜力。这种认同不仅是对中国文化的自信，也是外界对中国文化认知的期待。

为了实现这一目标，高校英语专业文化教学需要培养学生的文化自信。这种自信不仅来自对西方文化的深入了解，更来自对自己文化的认同和热爱。在教学过程中，教师应注重深度挖掘和鉴赏深层文化，帮助学生建立全面而深入的文化认知体系。

此外，青年学生思想活跃、易于接受新事物，但缺乏扬弃思维，因此在高校英语专业文化教学中开展中西文化对比是非常必要的。通过对比突显不同文化之间的差异和共性，学生可以更加清晰地认识到自己文化的独特性和价值所在，从而更加自信地传播中国文化。

（三）课程实施——开展中国话语

文化自信的形成是一个复杂而深远的过程，它植根于个体的文化认知，通过文化交流得以巩固，最终通过掌握文化话语权来实现自我肯定与自信心的提升。这一过程涉及多个方面，包括语言学习、文化理解，以及跨文化交流等（图3-1）。因此，要培养学生的文化自信，我们需要在英语文化教学中采取一种更全面、更深入的教学方法。

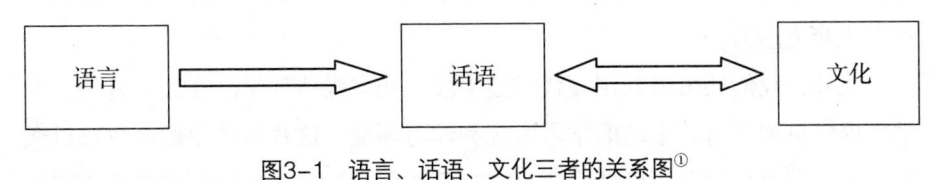

图3-1 语言、话语、文化三者的关系图[①]

---

① 任慧英，宁昱婷.中华民族现代文明对外话语体系的四维向度[J].齐齐哈尔大学学报（哲学社会科学版），2024，（02）：7-11+36.

首先，文化认知是文化自信形成的基础。这需要我们通过教育引导学生深入理解自己的文化，包括历史、传统、价值观等。只有当我们对自己的文化有了足够的了解，才能对其产生自信。这种自信并非盲目自大，而是基于对文化的深刻理解和尊重。因此，在英语文化教学中，我们不仅要教授语言知识，更要引导学生去理解和欣赏英语国家的文化，同时也要强调本国文化的价值，使学生形成全面、平衡的文化视野。

其次，文化交流是文化自信形成的必要条件。在全球化的今天，文化交流已经成为我们生活中不可或缺的一部分。通过文化交流，我们可以了解不同文化的特点和魅力，从而增强自己的文化自信。在英语文化教学中，我们应该鼓励学生积极参与各种文化交流活动，如语言交换、国际志愿者服务等，让他们在实践中体验和学习不同的文化，提升他们的跨文化交流能力。

最后，掌握文化话语权是文化自信形成的关键。文化话语权不仅代表了一个文化的影响力，也体现了其自信心和自豪感。在英语文化教学中，我们应该帮助学生掌握英语这一国际通用语言，让他们能够用自己的声音去表达和传播自己的文化。同时，我们也要引导学生理解和尊重其他文化，学会用开放和包容的心态去接受和欣赏不同的文化，从而在跨文化交流中不断提升自己的文化话语权。

在这一过程中，我们可以借鉴中国话语作为抓手，围绕中国古代、当代、现代等的一些文化事件，实现语言与文化之间的优化与驱动。例如，我们可以通过讲解中国古代的诗词、故事、传说等，引导学生深入理解中国传统文化的精髓和价值，激发他们的文化自信。同时，我们也可以通过对比中西文化的异同，让学生更加深入地了解不同文化的特点和魅力，提升他们的跨文化交流能力。

此外，我们还可以利用现代科技手段，如多媒体教学、在线课程等，为学生提供更加丰富、生动的学习资源和学习环境。这些科技手段不仅可以激发学生的学习兴趣和积极性，还可以帮助他们更加深入地理解和体验不同的文化，从而更加自信地面对全球化的挑战。

1. 师生即课程

高校英语专业教师，作为语言与文化的双重使者，在英语文化课程的实施过程中扮演着举足轻重的角色。他们不仅具备扎实的英语语言知识，还具

第三章 中华优秀传统文化融入高校英语专业教学

备深厚的中国文化素养，这为他们解读语言的深层意义、开启言语之旅提供了坚实的基础。

在教授英语专业文化课程时，教师需要超越技术理性的束缚，追求解放理性与实践理性。这意味着他们不仅要传授语言知识，更要培养学生的言语主体意识。他们通过引导学生深入探究语言的深层含义，帮助学生理解不同文化背景下的语言差异，从而提高学生的跨文化交际能力。

在这个过程中，教师会运用各种教学方法和手段，如小组讨论、角色扮演、文化体验等，让学生在实践中感受语言的魅力。通过这些活动，学生们不仅能够加深对语言的理解，还能增强对文化的认知。

此外，作为中国文化的主体，学生自身也应该具备巨大的主体意识与主观能动意识。他们应该积极参与文化认知的传递过程，通过话语作为引导，展开探究、认知等活动。这样不仅能实现文化认知的传递，还能挖掘出文化认同，从而更好地开展教学。

在实际教学中，教师还会结合具体的案例和统计数据，让学生更加直观地了解不同文化背景下的语言差异和文化特点。例如，通过分析不同国家的语言习惯、礼仪规范等，让学生更加深入地了解不同文化的价值观和行为方式。

2.活动产生意义

学者杜威认为，教育过程实际上是将逻辑经验还原为心理经验的过程。他认为，教育不仅应该教授知识，更应关注学生的情感体验和心理需求。这种心理经验是鲜活的、直接的，需要通过互动发挥学生的主体作用，解决学生的实际问题，使学生获得对世界的完整认知。

杜威的这一观点在教育领域产生了深远的影响。他提出的"以学生为中心"的教育理念，强调教育应该关注学生的个体差异，尊重学生的自主性和创造力，从而实现教育的个性化、人性化。这一理念在我国的教育改革中得到了广泛的认同和应用。

在中华优秀传统文化传播视角下，高校英语专业文化教学应提倡从学生的日常生活中出发，并结合一些具体的文化事件，用真实的、符合学生语言水平的文化故事引导学生。这种教学方式不仅能帮助学生更好地理解和掌握英语语言知识，更能通过具体的言语事件对不同文明、不同话语的历史等加以对比、鉴赏与验证，从而使学生习得不同的价值观念、态度与规范。

具体来说，高校英语专业文化教学可以通过以下几个方面来实现这一目标。首先，教学内容应贴近学生的日常生活，让学生能够在实际语境中运用英语语言知识，从而提高学生的语言应用能力。例如，教师可以组织学生进行角色扮演，模拟日常生活中的各种场景，如购物、餐饮、旅游等，通过这种方式，学生可以更好地理解和掌握英语语言知识。

其次，教学方式应多样化，注重学生的主动参与。教师可以利用各种教学手段，如小组讨论、案例分析、角色扮演等，激发学生的学习兴趣，提高学生的学习效果。例如，教师可以组织学生观看电影、电视剧、纪录片等，然后进行讨论，让学生从不同角度理解和解读电影内容，从而提高学生的语言表达能力。

最后，教学评价应注重学生的全面发展。教师应根据学生的语言水平、文化素养、思维能力等各方面的情况，进行综合评价，从而激发学生的学习积极性，提高学生的学习效果。例如，教师可以组织学生进行语言应用比赛、文化知识竞赛等，让学生在参与中提高语言应用能力和文化素养。

3.媒介即素养

在大众传媒高度发达的时代，媒介素养的培养显得尤为重要。媒介素养不仅关乎个体如何有效获取信息、解读信息，更涉及如何批判性地思考、分析和利用这些信息。教育应当承担起这一重任，通过专门的课程设置或融入日常教学，提高学生的媒介素养，使他们能够在海量信息中筛选出有价值的内容，形成独立的判断和观点。

在中华优秀传统文化传播视角下，教学资料的选择与运用同样关键。语言、交际、文化因素的融合，是实现真正跨文化交际的基础。教学资料应该既包含西方文化的元素，又充分展现中华优秀传统文化的魅力。通过真实、多模态的教学资源，学生可以更直观地了解中西文化的异同，提升对两种文化话语的理解与把握。

同时，随着信息技术的快速发展，教学方式和手段也在不断创新。第一课堂与第二课堂、网络立体化教学等新模式，为英语文化教学提供了更多的可能性。在第一课堂中，教师可以引导学生深入探讨中国话语，分析其在跨文化交际中的价值和意义；在第二课堂和网络平台上，学生可以借助丰富的资源进行自主学习和反思，将课堂所学知识与实际应用相结合，促进语言技

第三章　中华优秀传统文化融入高校英语专业教学

能与文化自信的双重提高。

在这样的教学模式下,学生不仅能够学习到西方的文化知识,还能够深刻理解本土文化的精髓,从而形成平等、宽容、合作、共赢的文化态度。这对于培养他们的跨文化交际能力、提升国际视野具有重要意义。

以"中国梦"话语生产为例,阐释中华优秀传统文化传播视野下高校英语专业文化教学的主要流程,如图3-2所示。

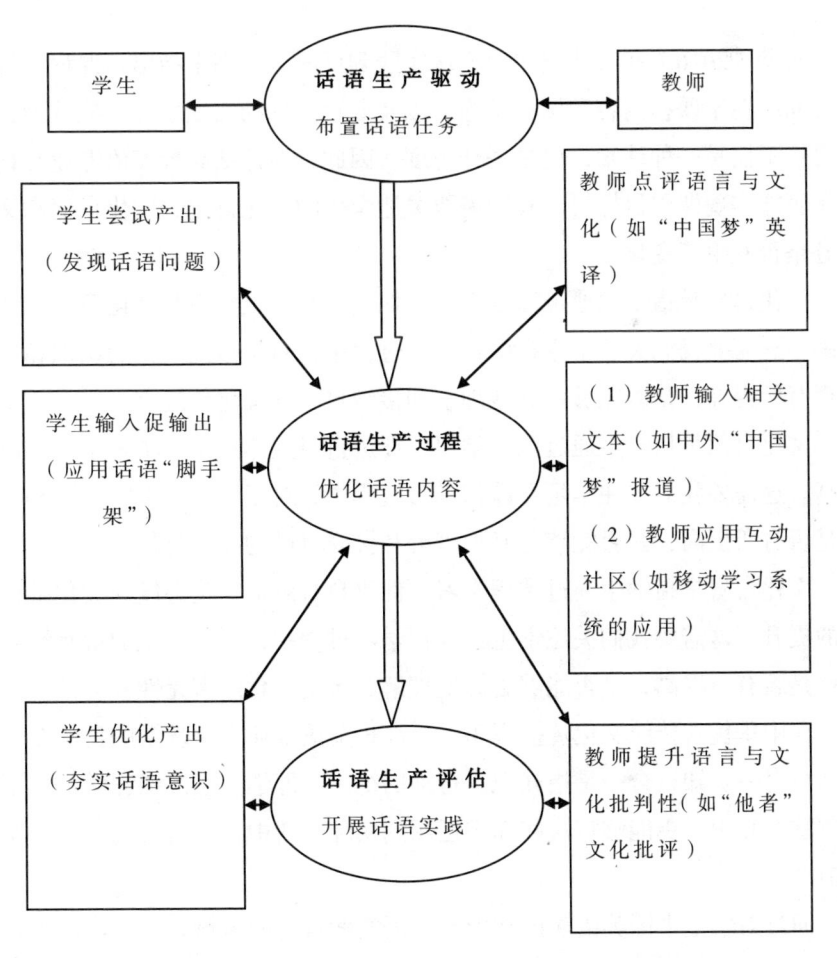

图3-2　"文化自信"视角下英语文化教学流程图[①]

[①] 周忠元.话语构建与传播研究的力作:评《"中国梦"话语构建与传播研究》[J].临沂大学学报,2024,46(01):2+157.

通过"中国梦"话语的教学流程，学生在本土文化价值意识、叙事能力以及文化批判精神等方面都得到了全面的提升。这一教学模式不仅为中华优秀传统文化的传承和创新提供了有力的支持，更为培养具有全球视野和本土情怀的新一代青少年奠定了坚实的基础。

（四）课程评价——认同中国价值

泰勒（2016）在《课程评价：从实践到反思》一书中指出，课程评价的核心问题在于课程内容和课程实施，以及课程目标的实现情况。他认为，文化自信不仅是一种认知，更是一种态度。因此，在评估高校英语专业文化教学是否能实现课程目标时，我们需要关注学生的文化自觉、文化自信和文化自省是否发生了变化。

文化自觉是指学生通过课程学习，促进自身本土价值与文化意识的认知提高。这需要我们关注学生在课程学习过程中，对于本国文化的认识和理解是否有所提高，是否能够更好地理解和接纳自己的文化传统。

文化自信是指学生通过课程学习，促进自身主体身份、精神生活质量的提高。这需要我们关注学生在课程学习过程中，对于自身身份的认同和自信心是否有所提高，是否能够更好地理解和接受自己的文化身份。

文化自省是指学生通过课程学习，促进自身辩证文化态度与文化批评意识的提升。这需要我们关注学生在课程学习过程中，对于文化的批判性和反思性是否有所提高，是否能够更好地理解和接受文化的多元性和复杂性。

在中华优秀传统文化传播视角下，高校英语专业文化教学的目的在于实现知行合一。知行合一是指知识与行动的统一，即学生通过课程学习，不仅能够掌握知识，更能够将这些知识运用到实际生活中，从而实现知识的实际价值。

通过对学生中国英语输出能力与话语实践行为的考量，我们可以更好地评估高校英语专业文化教学的效果。这需要我们关注学生在课程学习过程中，对于中国文化的理解和运用是否有所提高，是否能够更好地运用中国文化来表达自己的观点和思想。

三、强化教学细节，改善"中国文化失语"

在高校英语专业教学中加强中国文化的内容，不仅具有深厚的理论意义，更具备不容忽视的现实意义。这一举措不仅有助于提升学生的文化素养，还能够为他们未来的跨文化交际打下坚实的基础。

在导入中国文化的过程中，我们必须坚持科学的教学原则，并深入认识到中西方文化的差异。这种文化差异的存在是客观的，它既是文化交流中的挑战，也是推动文化融合的动力。通过对比中西方文化，学生不仅可以加深对英语知识的理解，还能够增强对本土文化的认同感和自豪感。这种跨文化的对比学习有助于培养学生的批判性思维，使他们在面对不同文化时能够保持开放、包容的态度。

同时，了解不同文化对于减少跨文化交际中的语用失误至关重要。在跨文化交流中，由于文化差异导致的误解和冲突时有发生。通过在教学中对中国文化的介绍，学生可以更好地理解自己的文化背景，从而在交流中更加自信、准确地表达自己的观点。此外，他们还能够学会尊重和理解其他文化，避免因文化差异而引发的冲突。

在导入本土文化时，我们还需要注意其系统性。民族文化往往具有系统性和整体性，每一个文化元素都与其他元素紧密相连。因此，在教学工作中，我们应该深入了解不同民族文化的核心，确保所教授的内容既具有代表性又能够体现文化的整体性。此外，科学的本土文化导入应该与整体英语教学框架相协调，既要突出中国文化的特色，又不能影响英语专业教学的重点。

（一）设计带有本国文化的教材

为了进一步提升我国高校英语专业教学的地道性和实用性，许多学校已经积极引进了英语原版教材。这些教材在提供地道的英语表达方式和介绍外国文化方面确实发挥了重要作用。然而，我们也必须注意到，这些教材往往缺乏对中国文化的深入介绍和讨论。这种失衡的教材选择直接导致了所谓的

"中国文化失语现象"，即学生难以用英语准确、流畅地表达中国文化的内涵和特点。

在教学过程中，关于中国文化的英文课外读物也相对较少，这进一步加剧了中国文化失语现象的严重性。学生在缺乏相关资料和指导的情况下，很难有效地提高自身的中国文化交流能力。这不仅影响了学生的跨文化交际能力，也阻碍了我国文化软实力的提升。

为了应对这一挑战，相关部门应当积极行动起来，系统组织编写一套全面介绍中国文化的英文教材。这套教材应该注重中西文化的比较教学，通过对比不同文化之间的差异和相似之处，帮助学生更深入地了解中西文化的内涵和特点。同时，教材还应该提供丰富的实例和案例，让学生能够在实践中学习如何用英语准确表达中国文化。

在编写教材的过程中，我们还应该充分考虑到我国对外交流的目标，即"让世界了解中国，让中国走向世界"。为了实现这一目标，高校英语专业教材编写应该注重在介绍不同英语国家文化的同时，增加带有我国特色文化的文章。这些文章可以涉及中国的历史、哲学、艺术、社会习俗等各个方面，以便让国际社会更加全面地了解中国文化的魅力。

此外，我们还应该注意到中国文化失语现象在学生中的具体表现。许多学生在面对外国友人时，往往难以用英语准确描述中国的社会生活现状。这既是因为他们缺乏相关的词汇和表达方式，也是因为他们对中国文化本身缺乏深入的了解。因此，在教材的编写过程中，我们应该特别注重增加中国文化的英文表达方式，为学生提供更多的实践机会和练习材料。

（二）搭建优秀的传统文化交流平台

在当前社会，传统文化正面临着现代生活方式的冲击，如何保护和传承传统文化，让年轻一代更好地理解和接纳传统文化，成为我们需要深入思考和探讨的问题。下面将详细阐述如何通过各种方式，特别是学校教育的方式，让传统文化焕发生机，让学生在参与各类文化活动中，感受传统文化的魅力，增强民族认同感。

首先，可以通过扎实开展"我们的节日"主题活动，丰富传统节日文化内涵，使这些传统节目焕发生机。学校可以定期组织学生参与各类节日活动，如春节、端午节、中秋节等，通过这些活动，让学生更深入地了解和感受传统文化的魅力。此外，学校还可以结合节日的特点，设计各类文化活动，如制作传统美食、编写节日故事、绘制节日主题画等，让学生在动手实践中，更深入地理解和接纳传统文化。

其次，可以加大宣传教育力度。学校可以通过校史的讲授，发挥传统文化的影响作用。校史是学校历史的一种记录，其中包含了学校的发展历程、重要事件和人物等，这些都是学校文化的重要组成部分。校史的讲授，可以让学生更深入地了解学校的传统和文化，进而更好地理解和接纳传统文化。此外，学校还可以利用自身的资源优势，如博物馆、图书馆、名胜古迹、遗址等，组织参观学习活动，让学生在实地参观中，更深入地感受传统文化的魅力。

再次，可以结合学校各方面的资源优势，举办传统文化的系列讲座，提升学生的爱国情操。学校可以邀请专家、学者等，定期举办各类传统文化讲座，如文学、艺术、历史、民俗等方面的讲座，让学生在讲座中，更深入地理解和接纳传统文化。此外，学校还可以组织学生参与各类文化比赛、展览等活动，如诗歌朗诵、书法比赛、民间艺术表演等，让学生在参与中，更深入地感受传统文化的魅力，陶冶爱国情操。

最后，我们可以开展极具中华特色的社团文化活动，通过这些社团带动学生参加丰富多彩的文化活动，让学生参与其中，让学生间接感受传统文化的魅力。学校可以设立各类社团，如文学社、艺术团、历史俱乐部等，让学生在社团活动中，更深入地了解和接纳传统文化。此外，学校还可以组织学生参加各类文化交流活动，如与外国学校的文化交流活动、传统文化展览等，让学生在交流中，更深入地感受传统文化的魅力。

（三）充分发挥新老媒体的传播作用

在现今信息社会条件下，确实需要充分利用网络新媒体，结合传统媒体创新宣传形式，以促进中国传统文化的弘扬与传播，使之焕发时代光彩，维持其旺盛的生命力。以下是一些具体的策略和建议。

首先，利用网络平台创建高水准、有内涵的中华传统文化网站至关重要。这些网站可以集知识普及、学术交流、文化体验于一体，通过丰富的内容和互动的形式吸引用户。同时，可以运用现代技术手段，如虚拟现实、增强现实等，为用户带来沉浸式的文化体验，使其更直观地感受中华文化的魅力。

其次，在校园网络平台上开辟传统文化栏目，利用微信等社交媒体平台，将传统文化融入学生的日常生活。可以通过发布传统文化知识、历史故事、经典诵读等内容，引导学生了解、学习和传承中华文化。同时，可以组织线上线下的文化活动，如传统文化知识竞赛、文化体验活动等，增强学生对传统文化的兴趣和认同感。

最后，充分利用学校的教育资源，发挥学校的人文传统优势，开设"名家讲坛"等选修课程，并录制上传至网络平台。通过邀请专家学者、文化名人等，分享他们对中华文化的理解和感悟，为学生提供高质量的学习资源。同时，可以利用网络平台进行课程的推广和传播，让更多的人受益于这些优质的教育资源。

除了以上策略，还可以探索更多的新媒体形式，如短视频、直播等，以更加生动、形象的方式展示中华文化的魅力。同时，要注重跨媒体整合，将各种媒体形式有机结合，形成合力，共同推动中华文化的传播和发展。

四、英汉文化并重，消除"中国文化失语症"的影响

为了消除"中国文化失语症"现象对跨文化交际的影响，提升高校英语专业学生的跨文化交际能力，需要教学主管部门、学校教师以及学生自身共同努力，从以下几个方面着手。

（一）充分发挥教学主管部门的监督引导作用

在全球化的浪潮下，跨文化交际能力的培养已成为我国高等教育不可或缺的一部分。在英语专业教学中，如何有效地传授和弘扬中国文化传统特

色，同时又能使学生具备与世界对话的能力，成为教学主管部门面临的重要课题。

首先，教学主管部门应展现出一种与时俱进的态度。在全球化的今天，世界各国的文化交流日益频繁，在跨文化交际中出现的问题和动态也层出不穷。因此，教学主管部门需要密切关注世界发展态势，对在跨文化交际过程中出现的问题进行及时监督与引导。例如，针对国际学生对中国文化习俗的误解或困惑，教学主管部门可以组织专家进行解读和答疑，为教学界提供及时的指导。

其次，为了确保中国文化传统特色在英语教学中得到有效传承，各级教学部门应在文件与教学大纲中明确规定相关内容。这不仅包括对中国文化基本概念的介绍，还应涵盖中国文化的历史、哲学、艺术等多个方面。明确的规定，可以确保教学部门在高校英语专业跨文化教学中具有监督性与引导作用，使教学内容更加丰富和全面。

再次，这种重视中国母语文化传授的理念，应贯穿于高校英语专业教学的各个层面和测试考核中。例如，在课程设置上，可以增加与中国文化相关的课程，如中国文化概论、中国文学选读等。在教学方法上，可以采用案例分析、角色扮演等多样化的教学手段，让学生在实践中体验和理解中国文化。在测试考核方面，可以增加对中国文化知识的考查，以检验学生对中国文化的掌握程度。

最后，要实现这一目标，中国各级教学部门、学术界以及学校必须给予足够的重视，相互协作，共同推动这一理念的落实。教学部门可以与学术界合作，共同研发适合中国学生的跨文化交际教材和教学方法。学校则可以提供必要的资源和支持，如教学设施、师资培训等，以确保教学实践的顺利进行。

（二）提高教师自身的文化素养与教学水平

随着跨文化交际的日益发展，高校英语专业教师不仅要具备深厚的跨文化交际背景知识，还需要培养学生的平等文化意识。为了实现这一目标，高校英语专业教师需要从两个层面入手。首先，他们需要提升自身的文化素养和宏观意识。这包括对中西方文化的深入理解，对两种文化之间的比较和认识，以及对中国特色文化的英语表达能力。这样，教师在授课时才能更好地平衡英语文化与母语文化知识内容的比例，使学生们能够在学习英语的同时，更好地理解和传承中国文化。

（三）提升学生跨文化交际的能力

在全球化的浪潮中，跨文化交际能力的培养成为现代教育的重要一环。为了更好地促进学生们在这方面的发展，学校与教师都应当鼓励学生积极参与跨文化交际的情景模拟活动。这样的活动不仅有助于学生们深刻理解跨文化交际的内涵，还能让他们在实际操作中感受文化的交流与碰撞。

情景模拟活动为学生们提供了一个模拟真实跨文化交际的环境，使他们能够身临其境地体验不同文化背景下的交流。在这样的环境中，学生可以更加直观地了解不同文化之间的差异，学习如何在尊重差异的基础上进行有效的沟通。这种体验式的学习方式，无疑比单纯的课堂教学更能激发学生的学习兴趣和主动性。

此外，学校与教师还应鼓励学生积极参与国际性的文化交流活动。例如，国际性的赛事、文化节等，都是难得的跨文化交流机会。在这些活动中，学生不仅可以接触到来自不同国家、不同文化背景的人们，还可以在志愿服务的过程中锻炼自己的跨文化交际能力。同时，这些活动也为学生提供了一个展示自己才华的平台，增强了他们的自信心和归属感。

第四章　中华优秀传统文化融入高校英语专业课程的设计

中华优秀传统文化融入高校英语专业课程的设计是一项具有深远意义的工作。这不仅有助于提高学生的综合素质和跨文化交际能力，还有助于传承和弘扬中华文化的优秀传统。我们应该积极探索和实践，不断完善和优化课程设计，为培养具有国际视野和文化自信心的英语专业人才作出更大的贡献。本章就具体分析中华优秀传统文化融入高校英语专业课程的设计。

第一节　高校英语专业课程的需求与设计现状分析

一、需求分析理论概述

（一）需求分析的定义

在课程设计的过程中，需求分析占据了至关重要的地位。它不仅是一次性的活动，而是随着课程的进展，需要定期、反复进行的过程。这个过程的核心在于为教学提供持续的反馈信息，确保课程设计能够紧密贴合实际的教学需求。

1.需求分析的过程

需求分析是一个动态、持续的过程。在课程开始之前，教师、学生和管理者可能都对需求有着自己的理解和想象。然而，这些想象往往未能与现实紧密结合。教师在此时还未接触到学生，可能基于以往的教学经验做出判断，但这些判断可能会存在偏差。同样，学生也还未接触到课程，对课程的认识可能过于理想化。

随着课程的进行，教师、学生和管理者会逐渐从更现实、更切合实际的角度来审视需求。因此，需求分析需要跟随课程的进展定期进行，以确保课程设计与实际需求保持同步。

在这个过程中，辨别需求的有效性显得尤为重要。有效需求应满足两个标准：一是客观反映目标要求，二是操作要具有可行性。同时，我们还需要对有效需求的重要性进行排序，以维持需求关系的平衡。

2.需求分析所需收集的信息

需求分析所需收集的信息主要来源于两个方面：与人相关的信息和与事相关的信息。

与之相关的信息涵盖了学习者的语言需求、专业知识需求、目标情境背景知识需求以及教学情境分析等。这些信息对于了解学习者的具体需求和教

第四章　中华优秀传统文化融入高校英语专业课程的设计

学环境至关重要。

而与人相关的信息则主要包括学习者的学习风格和策略、师资力量、管理者态度等。这些因素都会直接或间接地影响课程设计的实施效果。

综合这两方面的信息，我们能够更全面地了解学习者的需求和实际教学环境，从而确保需求的有效性和可行性。

总之，需求分析是课程设计中不可或缺的一环。它要求我们在课程的整个过程中持续关注学习者的需求变化，并根据实际情况进行调整。只有这样，我们才能确保课程设计能够满足学习者的实际需求，达到最佳的教学效果。

（二）需求分析内容要素

需求分析是任何项目或研究的重要起始点，它为我们揭示了目标与现状之间的差距，以及如何有效地弥补这一差距。在进行需求分析时，我们需要从各种信息源中获取信息，这些信息内容就是所谓的"需求分析内容要素"。

需求分析内容要素是一个复杂而多元的概念，它包括了目标要求、当前学习情境、目标实现途径等多个方面。这些要素为我们提供了一个框架，帮助我们在进行需求分析时更加全面、系统地考虑问题，从而设计出更加有效的教学计划或策略。同时，这些要素也为学习者提供了一个明确的方向和指导，帮助他们更加清晰地认识自己的学习需求和目标，以实现更好的学习效果。

1.目标要求

在设定目标要求时，我们必须从两个维度进行深入考虑：一是客观的社会目标要求，二是学生自身的主观要求。这两者看似独立，实则紧密相连，共同影响着目标实现途径的设计。

首先，客观的社会目标要求是不以学习者意志为转移的。它是由时代需求、政策需求、社会需求等多重因素共同决定的。这些需求通常通过工作网访谈、语言旁听及文献调查等方式被揭示出来。在这些需求中，最为核心的是任务执行力和语言能力的掌握。这两种能力在现代社会中尤为重要，它们不仅是完成工作任务的基础，也是个人职业发展的重要保障。这种客观的社会目标要求，虽然具有普遍性和共性，但也需要根据不同学习者的特点和需求进行适当的调整。

其次，学生自身的主观要求也是目标设定中不可忽视的一部分。这种主观要求通常与个人的兴趣、爱好、职业规划等因素密切相关。有时，这种主观要求与客观社会要求是一致的，如学习者对某一领域的浓厚兴趣可能正是该领域社会需求的体现。但有时，它们之间也可能发生背离，例如学习者可能因为对某个领域有深深的情感联结而选择它，即使该领域的社会需求并不高。

这种主观要求与客观社会要求的关系是复杂而微妙的。它们有时相互促进，有时则可能产生冲突。但无论如何，这两部分目标要求都是在目标实现途径设计中必须考虑的重要因素。因此，目标要求和分析的主要任务是对以上两方面进行充分的调查和研究。我们需要深入了解客观的社会需求，同时也需要关注学习者的主观意愿和兴趣。在此基础上，我们需要发现这两者之间的相通点，并尝试将它们完美地结合起来。这样我们才能设计出既符合社会需求，又能满足学习者个人发展的目标实现途径。

2.当前学习情境

深入分析在当前学习情境下，学生对于高校专业英语课程的学习状况，我们不难发现，这一情境是由多种因素共同构成的复杂环境。这一环境不仅包括了学生个体的学习状况、教师的教学能力以及学校的教学管理水平，还涵盖了国家语言政策、社会语言环境等更为宏观的层面。为了更好地提升高校专业英语课程的教学效果，我们需要全面审视并理解这一综合环境，找出其中的差距与不足，进而提出针对性的改进策略。

首先，从软环境方面来看，学生、教师以及学校教学管理是ESP课程学习的重要支撑。在这一层面，我们需要通过详尽的调查，了解学生的学习需求、学习习惯以及学习困难；掌握教师的教学风格、教学方法以及教学效果；评估学校的教学管理水平、课程设置以及评价体系。通过这样的调查，我们能够更加准确地发现问题，提出更为具体的改进措施。

第四章　中华优秀传统文化融入高校英语专业课程的设计

例如，针对学生的学习需求，我们可以调整课程内容，使其更加贴近学生的实际需求；针对教师的教学风格，我们可以组织教师交流活动，分享教学经验，提升教学质量；针对学校的教学管理，我们可以优化课程设置，完善评价体系，以更好地促进学生的全面发展。

然而，我们也需要看到，超出校园范围的软环境，如国家语言政策、社会语言环境等，虽然对高校专业英语课程学习产生重要影响，但其改变往往较为困难。因此，课程设计者需要在尊重现有条件的基础上，充分挖掘和利用这些条件的潜力，以期达到最佳的教学效果。

其次，硬环境方面也是不容忽视的一环。学校的学习设施、教学设备等硬件条件对于高校专业英语课程的学习同样具有重要影响。我们需要通过调查，了解学校现有的硬件设施状况，找出其中的不足，进而提出改进措施。例如，我们可以增加教学设备的投入，提升教学环境的舒适度，以更好地满足学生的学习需求。

3.目标实现途径

在学习的道路上，学生并非是被动的接受者，而是一个个充满活力和独立思考的个体。在传统观念中，我们常常认为学生只是被动地接受知识，教师教什么，他们就学什么，学习的发生似乎完全依赖于教师的教导。然而，事实却并非如此。学生在学习过程中展现出了令人惊叹的主动性和认知独立性，他们有着自己的认知习惯和顺序，对于没有兴趣或动机的内容，即使教师再怎么教，也难以引起他们的兴趣和投入。

学生在学习时，并非简单地将外界信息输入到大脑中，而是会根据自己的认知结构和经验，对这些信息进行筛选、加工和整合。他们会在学习过程中不断地调整自己的学习策略，以适应不同的学习内容和环境。这种认知独立性使得学生在学习过程中具有更强的自主性和灵活性，能够更好地应对各种学习挑战。

因此，对于教师而言，了解学生的学习策略和风格至关重要。只有深入了解学生的学习特点和需求，教师才能制订出更加符合学生实际的教学方案，帮助学生更加高效地学习。同时，教师还应该鼓励学生发挥自己的认知独立性，鼓励他们主动探索、思考和质疑，以培养他们的创新思维和批判性思维。

除了教师的作用外，学生自身也应该意识到自己的认知独立性。他们应该学会主动规划自己的学习路径，选择适合自己的学习策略，不断反思和调整自己的学习过程。只有这样，学生才能真正成为学习的主人，掌握学习的主动权，实现自我发展和成长。

二、高校英语专业课程的需求分析

随着全球化的进程加速，英语作为一种国际通用语言，在各个领域的重要性日益凸显，特别是在高校教育中，英语专业课程不仅是为了培养具有高水平英语语言能力的人才，更是为了满足社会对多元化、国际化人才的需求。因此，对高校英语专业课程的需求进行深入分析，对于优化课程结构、提升教学质量具有重要意义。

（一）社会需求分析

在全球化的背景下，社会对于具备英语沟通能力的人才需求日益增长。这种需求不仅体现在传统的翻译、教学等领域，还广泛存在于国际商务、旅游、文化交流等多个领域。因此，高校英语专业课程需要注重培养学生的实际沟通能力，使他们能够适应不同领域的需求。

（二）学生需求分析

学生作为课程的接受者，他们的需求也是课程设置的重要依据。当前，学生普遍希望能够在英语专业课程中学到更多实用的知识和技能，如商务英语、跨文化交际等。同时，学生也希望能够通过课程学习，提升自己的综合素质，如批判性思维、创新能力等。

（三）教学需求分析

为了满足社会和学生的需求，高校英语专业课程在教学上也需要不断创新。一方面，教师需要不断更新教学内容和方法，引入更多前沿的教学理念和教学资源；另一方面，课程也需要注重实践教学，通过校企合作、实习实训等方式，为学生提供更多的实践机会。

三、高校英语专业课程设计现状分析

高校英语专业课程设计是培养英语人才的重要环节。通过对当前课程设计现状的分析，我们发现存在一些问题，如课程设置固定、实践教学环节薄弱以及师资力量不足等。

（一）课程设置相对固定

目前，我国许多高校的英语专业课程设置似乎被锁定在一种相对固定的模式中，缺乏必要的灵活性和创新性。这种传统的课程设置，过度偏重于语言知识的灌输，而忽视了对学生实际运用英语能力的培养。这样的教育模式导致的结果是，学生在学习过程中难以形成独立思考和解决问题的能力，从而难以适应日益多元化的社会需求。

对于英语专业的学生来说，他们需要的不仅仅是语言知识，更重要的是运用语言进行实际交流的能力。这种能力包括了听说读写四个方面，而不仅仅是语法和词汇的掌握。然而，现有的课程设置往往过于注重语法和词汇的教学，忽视了对学生实际交流能力的培养。这种"填鸭式"的教学方式，不仅让学生感到枯燥乏味，而且也无法真正提高他们的英语水平。

此外，现有的课程设置也缺乏灵活性和创新性。随着社会的发展，英语教育的目标和方式也在不断变化。然而，许多高校的英语专业课程设置却仍然停留在过去的模式中，没有跟上时代的步伐。这导致学生的学习体验与实际需求之间存在巨大的差距。

（二）实践教学环节薄弱

实践教学作为高等教育的重要组成部分，尤其在英语专业中，扮演着举足轻重的角色。然而，目前众多高校在实践教学环节上存在着明显不足，这直接影响了学生将理论知识转化为实际应用的能力，进而制约了学生的综合素质提高。

实践教学是培养学生实际运用能力的关键环节。英语专业的学生不仅需要掌握扎实的语言基础，更需要通过实践锻炼，提高听说读写译等多方面的技能。实践教学环节不仅帮助学生巩固理论知识，更能够让学生在实践中发现问题、解决问题，从而培养他们的创新能力和批判性思维。

然而，当前许多高校英语专业的实践教学环节却相对薄弱。一方面，实践教学资源有限，学生缺乏足够的实践机会。很多学校的实践教学主要局限于课堂内的模拟练习，缺乏真实场景的实践体验。另一方面，实践教学的形式和内容也相对单一，往往局限于传统的口译、笔译等训练，未能涵盖更多元化的实践领域。

这种实践教学环节的不足，直接导致了学生在课堂上学习的理论知识难以转化为实际应用能力。学生在面对真实场景时，往往感到手足无措，难以将所学知识与实际问题相结合。这不仅影响了学生专业技能的提升，也阻碍了他们综合素质的提高。

（三）师资力量不足

优秀的师资力量是提升英语专业教学质量的坚实基石，对于培养学生的语言能力、跨义化交流能力和综合素质具有至关重要的作用。然而，目前众多高校英语专业却普遍面临着师资力量不足的严峻挑战，这无疑给教学质量的提升带来了巨大的障碍。

首先，一些教师由于缺乏丰富的教学经验和专业知识，难以为学生提供深入、系统的学习指导。他们可能无法灵活运用多种教学方法和手段，激发学生的学习兴趣和积极性，也无法针对学生的不同需求和特点进行个性化的教学安排。这样的教学状况不仅会影响学生的学习效果，还可能阻碍他们的全面发展。

其次，一些高校英语专业的师生比例失衡问题也亟待解决。当教师数量不足时，他们往往要承担过多的教学任务，导致时间和精力分散，难以关注到每个学生的学习需求和发展情况。这不仅会影响学生的学习体验，还可能导致一些学生在学习中感到被忽视或无助，从而失去学习的动力和信心。

第二节 中华优秀传统文化融入高校英语专业课程设计的原则

在全球化的背景下，英语作为国际交流的主要语言，其教学在我国高等教育中占据了举足轻重的地位。然而，英语教育不应仅仅局限于语言技能的培养，更应注重文化意识的灌输。中华优秀传统文化，作为中华民族的瑰宝，理应在高校英语专业课程设计中得到充分的体现和融入。本节旨在探讨中华优秀传统文化融入高校英语专业课程设计的原则，以期为我国英语教育的发展提供有益的参考。

一、尊重文化差异原则

在融入中华优秀传统文化的过程中，尊重文化差异是至关重要的。英语和中文，作为两种截然不同的语系，它们背后的文化背景和价值观存在着显著的差异。这种差异不仅体现在语言的结构和表达方式上，更体现在思维方式、价值观念、社会习俗等多个层面。

首先，英语文化源于西方文明，强调个人主义、逻辑分析和客观理性。

而中华文化则深受儒家思想影响，注重集体主义、情感表达和主观感悟。这种差异使得我们在学习英语和中华传统文化时，往往会遇到各种挑战和困惑。因此，在课程设计中，我们不能简单地将中华文化与英语文化进行对比或优劣评价，而是需要深入理解并尊重这种差异。

为了引导学生更好地理解和欣赏文化的多样性，我们可以采取多种策略。首先，我们可以通过案例分析、角色扮演等教学方法，让学生亲身体验和感受两种文化的特点。例如，可以组织学生进行英语演讲比赛，让他们在实践中感受英语文化的逻辑性和客观性；同时，也可以引导学生学习中华传统诗词、书法等文化艺术，让他们领略中华文化的博大精深。

其次，我们可以利用现代科技手段，如多媒体、网络等，为学生呈现更加生动、形象的文化产品。例如，可以通过观看英语国家的电影、电视剧等影视作品，让学生了解英语国家的风土人情和社会习俗；同时，也可以通过展示中华传统文化的图片、音频、视频等素材，让学生更加直观地感受中华文化的魅力。

最后，我们还需要注重培养学生的跨文化交际能力。在全球化背景下，跨文化交际已经成为一种必备的能力。因此，在课程设计中，我们需要注重培养学生的语言技能、文化意识和交际策略等方面的能力，让他们能够在跨文化交流中更加自信、得体地表达自己的观点和想法。

二、有机融合原则

在全球化的大背景下，英语专业课程设计愈发强调多元文化和跨文化交流的能力培养。在这个过程中，融入中华优秀传统文化不仅有助于增强学生的文化自信心，还能促进他们更全面地理解世界多元文化。因此，将中华文化与英语知识、技能的培养有机结合，成为英语专业课程设计的重要方向。

有机融合中华优秀传统文化，意味着在课程设计时要注重文化的自然渗透和相互补充。这要求教育者不仅要教授学生英语语言知识，还要引导他们深入了解和欣赏中华文化，培养他们的跨文化交际能力。

在英语文学课程中，引入中国古典文学作品是一种非常有效的方式。通

第四章　中华优秀传统文化融入高校英语专业课程的设计

过对《红楼梦》《水浒传》等经典作品的分析，学生可以了解不同文化背景下的文学创作风格和主题，从而增强他们的跨文化理解能力。同时，这种融合方式还能激发学生对中华文化的兴趣，增强他们的文化自信心。

除了文学课程，其他英语专业课程如语言学、翻译等也可以融入中华优秀传统文化。例如，在语言学课程中，可以探讨中华语言文化的独特之处，如汉字的演变、成语的寓意等；在翻译课程中，可以引入中英文互译的实例，分析中华文化在翻译过程中的传递与转换。

为了实现有机融合，教育者需要不断提升自身的文化素养和教学能力。他们可以通过参加相关培训、研讨会等活动，深入了解中华优秀传统文化的内涵和价值，掌握将文化融入课程的有效方法。同时，教育者还应鼓励学生积极参与文化交流活动，如国际志愿者服务、语言交换等，让他们在实践中体验不同文化，提升跨文化交际能力。

三、实践性原则

课程设计在当今教育体系中占据着举足轻重的地位，它直接关系到学生知识体系的构建和综合素质的培养。特别是在全球化日益加剧的当下，如何在课程设计中融入中华优秀传统文化，让学生在亲身体验中感受其魅力，成为教育领域亟待探讨的课题。

中华优秀传统文化是中华民族的精神瑰宝，蕴含着深厚的历史底蕴和独特的价值观念。然而，在现实中，许多学生对传统文化的了解仅限于书本知识，缺乏深入体验和感悟的机会。因此，课程设计应当注重实践性，让学生在亲身参与中感受传统文化的魅力，从而增强文化自信心和认同感。

为了实现这一目标，教育者可以设计一系列具有文化内涵的实践活动。例如，模拟跨文化交际场景是一种非常有效的方式。在这样的场景中，学生需要扮演不同文化背景下的角色，通过模拟对话、互动交流等形式，体验不同文化间的差异与共性。这样的活动不仅能够帮助学生深入了解中华优秀传统文化的内涵，还能培养他们的跨文化交际能力，为未来的国际交流与合作打下坚实基础。

此外，组织中华传统文化主题研讨会也是一种值得尝试的方法。在这样的研讨会上，学生可以围绕某一传统文化主题展开深入讨论，分享自己的见解和体会。这样的活动不仅能够拓宽学生的知识视野，还能培养他们的思辨能力和语言表达能力。同时，通过与其他同学的交流互动，学生还能够加深对传统文化的理解和认同。

除了以上两种活动形式外，教育者还可以结合实际情况，设计更多具有文化内涵的实践活动。例如，可以组织学生参观历史文化遗址、博物馆等场所，让他们亲身感受传统文化的魅力；还可以邀请传统文化专家、艺术家等走进校园，为学生开设讲座、工作坊等，让他们近距离接触传统文化精髓。

这些实践活动不仅能够增强学生的文化意识，还能提高他们的语言运用能力和跨文化交际能力。通过亲身参与和体验，学生将更加深入地了解中华优秀传统文化的内涵和价值，从而更加自信地传承和发扬这一宝贵的精神财富。同时，这些活动也有助于培养学生的综合素质和创新能力，为他们的全面发展奠定坚实基础。

四、创新性原则

为了更好地激发学生的学习兴趣，我们必须对课程设计进行深思熟虑。首先，我们可以采用多元化的教学方法，如小组讨论、角色扮演、案例分析等，让学生在互动和合作中探索知识，提高他们的参与度和思考深度。此外，我们还可以通过现代科技手段，如虚拟现实、增强现实等技术，为学生创造身临其境的学习体验，让他们更加直观地感受中华文化的魅力。

同时，我们还应鼓励学生积极参与创新实践。例如，可以组织文化创新大赛、传统艺术表演等活动，让学生在实践中锻炼自己的创新能力，同时也能够深化他们对中华文化的认识和理解。这种寓教于乐的方式，不仅能够提高学生的学习效果，还能够培养他们的文化自信和民族自豪感。

当然，创新并不意味着完全摒弃传统。在融入中华优秀传统文化的过程中，我们应尊重并传承经典，同时也要注重与时俱进。我们要在继承传统的基础上，不断探索和创新，让中华文化在新的时代背景下焕发出更加璀璨的光芒。

将中华优秀传统文化融入高校英语专业课程设计,是提升我国英语教育质量的重要途径。通过遵循尊重文化差异、有机融合、实践性和创新性等原则,我们可以将中华文化的精髓融入英语课程,培养出既具备扎实语言技能又具备深厚文化底蕴的英语专业人才。这不仅有助于提高我国在国际舞台上的文化软实力,还能为培养具有国际视野和跨文化交际能力的人才奠定坚实基础。

第三节 中华优秀传统文化融入高校英语专业课程设计的方法

中华优秀传统文化融入高校英语专业课程设计的方法,是当前教育改革中的重要议题。这种融合不仅可以加深学生对中华文化的理解和认同,同时也能提高他们的跨文化交流能力。以下是一些具体的方法,可以帮助高校在英语专业课程设计中融入中华优秀传统文化。

一、建设中华文化课程体系,培养高端英语人才

英语专业作为人文学科的重要组成部分,其课程建设不仅要符合国家的宏观教育目标,还要体现专业的独特性与时代性。在当前全球化的背景下,英语专业的教学不仅要注重语言技能的培养,更要注重提升学生的跨文化交际能力。中华文化作为世界文化的重要组成部分,其在英语专业教学中的地位日益凸显。因此,构建与优化中华文化课程,对于培养具有全球视野和深厚人文素养的英语专业人才具有重要意义。

中华文化课程在英语专业教学中的重要性主要体现在以下几个方面。首先，中华文化课程有助于提升学生的文化自觉和文化自信。通过学习中华文化，学生能够更加深入地了解自己的文化根源，增强对中华文化的认同感和自豪感，从而在跨文化交流中更加自信地展示自己的文化特色。其次，中华文化课程有助于培养学生的跨文化交际能力。在全球化的今天，跨文化交际能力已经成为英语专业学生的必备技能。通过学习中华文化，学生能够更好地理解其他文化，提高跨文化沟通的效果。最后，中华文化课程有助于丰富英语专业的教学内容，提升教学质量。中华文化博大精深，其中蕴含着丰富的哲学思想、文学艺术、历史传统等，这些都是英语专业教学的宝贵资源。[1]

在构建中华文化课程时，我们需要遵循一定的策略，以确保课程的科学性和有效性。首先，要坚持以学生为中心的原则，根据学生的需求和兴趣来设置课程内容和教学方式。其次，要注重课程的系统性和整体性，将中华文化课程与其他课程有机结合，形成一个完整的课程体系。此外，还要注重课程的实践性和创新性，通过案例分析、实践活动等方式，让学生在实际操作中学习和体验中华文化。

二、加强中华文化教材建设，保障母语课程的教学质量

中华文化课程的授课语言选择并非一定要完全采用英文。实际上，我们可以充分利用与文学院共享的课程资源，这样不仅可以避免重复建设，还能确保教材的质量和深度。在跨文化交际学和比较文学领域，有许多国际经典的英文版教材可供选择，这些教材为我们提供了丰富的教学素材和教学方法。

当我们谈到中国现当代文学作品时，我们会发现这些作品在世界范围内

---

[1] 蒋洪新.关于《英语专业本科教学质量国家标准》制定的几点思考[J].外语教学与研究，2014，（3）：456-462.

第四章　中华优秀传统文化融入高校英语专业课程的设计

有着广泛的英文译本。例如，当代作家莫言、苏童、余华、毕飞宇的英译小说备受欢迎，这为编写英文选读教材提供了丰富的素材。同样，中国四大名著的英文译本也各具特色，为选读编写提供了广阔的选择空间。

除了文学作品，国学和历史的英文选读教材也有着丰富的选材空间。这些教材不仅可以帮助学生了解中国的传统文化和历史，还能培养他们的跨文化交流能力。

近年来，中国文化类英语教材建设也取得了长足的发展。例如，常俊跃等主编的《中国文化》英文版，就是一本优秀的教材。它不仅涵盖了中华文化的典型主题，还设计了丰富实用的教学练习，体现了以母语文化为依托的英语教学理念。

为了更好地推动中华文化教材建设，我们应该充分发挥全国各高校的协同作用，吸引中文和英文两个专业的专家学者共同参与。通过他们的统筹合作，我们可以开发出更加符合教学需求、更具特色的教材。

当然，中华文化教材建设是一个系统工程，需要经过校本教材、地区协同创新教材的试用、同行专家的评议和修订等多个环节。在这个过程中，我们应该鼓励百花齐放，允许不同的教材风格和教学方法出现，但也要避免盲目跟风，确保教材的质量和实用性。

三、加强英文专业教师的母语文化素养，提升人文知识底蕴

近年来，英语专业教师队伍的博士学位持有比例逐渐上升，这是一个令人欣慰的趋势，它代表了教师队伍整体学术水平的提高。然而，我们也必须注意到，尽管许多年轻教师拥有出色的外语能力，但在母语——中文的表达和写作上，却存在明显的短板。这主要表现在对中华文化的理解不够深入，中文表达能力有待提高，甚至在学术写作中也缺乏必要的逻辑和文采。

母语不仅仅是交流的工具，更是文化的载体。一名英语教师，如果对自己的母语文化缺乏了解、热爱和认同，那么他在教授英语时，也很难将中华文化的精髓传递给学生。这样的教师，很难培养出高端英语人才，更无法承

担起传承中华文化、推动国家文化软实力提升的重任。

因此，我们必须强调母语文化意识和信心的重要性。中华传统文化和民族精神是我们的根和魂，是我们民族凝聚力和精神支柱的源泉。通过深入阅读传统文化经典，学习中华文化的知识，我们可以提高自己的汉语文化修养，增强对中华文化的理解和认同。

为了实现这一目标，我们必须以国家文化战略的高度加强中华文化课程建设。在重构英语专业课程体系的过程中，我们应该在教师培养、教材建设、课程配置上充分保证中华文化课程的地位。只有这样，我们才能为国家培养出既精通外语又深谙中华文化的高端人才，为中华文明的世界传播贡献我们的力量。

同时，我们还应鼓励英语专业教师不断提升自己的母语水平。这不仅有助于他们更好地理解和传播中华文化，也有助于提高他们的整体专业素养。通过持续的学习和努力，我们相信英语专业教师队伍的整体素质将会得到进一步提升，为推动中华文化走出去、提高国家文化软实力作出更大的贡献。

四、在教学评估中融入中华文化，提升教与学的意识

在教学评估中融入中华文化，不仅可以增强学生对中华文化的理解和认同，还能提升教与学的意识。中华文化源远流长、博大精深，蕴含着丰富的教育资源和智慧。通过教学评估的方式，将这些宝贵的文化资源引入课堂，可以使学生在接受知识的同时，也能感受到中华文化的魅力。

在教学评估中融入中华文化，可以帮助学生更好地理解中华文化的核心价值观。中华文化的核心价值观包括仁爱、诚信、忠诚、礼义等，这些价值观对于塑造学生的品格和道德观念具有重要意义。通过教学评估，教师可以引导学生深入探究这些价值观的内涵和实践意义，使他们在学习中逐渐形成正确的价值观念。

教学评估中的中华文化融入可以提升学生的综合素质。中华文化注重培养人的综合素质，包括语言表达、思维能力、人际交往等方面。在教学评估中，可以通过让学生参与中华文化的讨论、演讲、写作等活动，锻炼他们的

第四章　中华优秀传统文化融入高校英语专业课程的设计

综合素质，提升他们的综合能力。

此外，教学评估中的中华文化融入还可以促进教与学的互动。中华文化强调师生之间的互敬互爱、教学相长。在教学评估中，教师可以通过与学生共同探究中华文化的方式，增进师生之间的交流和互动，使教学更加生动、有趣。同时，学生也可以通过参与教学评估，提出自己的意见和建议，促进教学的改进和提升。

总之，将中华文化融入教学评估中，不仅可以增强学生的文化认同感和综合素质，还能促进教与学的互动和提升。因此，我们应该在教学评估中注重中华文化的融入，让中华文化成为教学评估的重要内容和资源。

第五章　中华优秀传统文化融入高校英语专业教学的方法革新

随着全球化的深入发展，英语作为国际交流的主要语言，其教学在我国高等教育体系中占据着举足轻重的地位。然而，我们不应忽视的是，英语专业教学并不仅仅是语言技能的培养，更应该是文化意识的熏陶。因此，将中华优秀传统文化融入高校英语专业教学，既是提升学生跨文化交际能力的重要途径，也是传承和弘扬民族文化的重要举措。但将中华优秀传统文化融入高校英语专业教学是一项长期而艰巨的任务。只要我们不断探索和实践，创新教学方法和手段，就一定能够培养出既精通英语又深谙中华文化的优秀人才，为我国的国际交流和文化传播作出更大的贡献。本章具体分析将中华优秀传统文化融入高校英语专业教学的方法。

第一节 任务型教学法在高校英语专业教学中的应用

一、任务教学法（TBLT）的内涵

任务型教学法的初衷在于强化学生在日常生活中的语言交流和沟通能力。这种教学方法强调学习要贴近实际、贴近生活，并以真实的、可操作的"任务"为基础。随着教学研究的深入，学者们对"任务"的定义进行了多方面的诠释。

任务是一种有头有尾、完整的交际活动。这意味着任务不仅要有明确的目标和意义，还要有一个完整的过程和不同的结果。[1]这种结果可以是具体的，比如完成一个报告或制作一个产品；也可以是抽象的，比如达到某种语言水平或提高某种技能。任务的完成过程也是学生语言能力和思维能力得到锻炼和提升的过程。因此，任务完成后的成果展示和反馈非常重要，它能帮助学生总结自己的经验和教训，为未来的学习打下坚实的基础。

任务还是一种需要学习者使用目的语来理解表达、相互交流、解决问题和发挥创造的课堂教学活动。[2]这意味着任务的设置除了要有明确的意义和完整的过程之外，还要注重任务的实践性和创造性。让学生参与到解决实际问题的任务中，可以帮助他们培养解决问题的能力和创新思维，同时也有助于提高他们的语言水平和沟通能力。

---

[1] 龚亚夫，罗少茜. 任务型语言教学[M]. 北京：人民教育出版社，2003：7.
[2] 龚亚夫，罗少茜. 任务型语言教学[M]. 北京：人民教育出版社，2003：8.

二、任务型教学法在高校英语专业教学中的应用设计

（一）任务型教学法在高校英语专业教学中的应用意义

任务型教学法是一种以任务为核心，以学生为中心，注重实际运用和互动合作的教学方法。在高校英语专业教学中，任务型教学法的应用意义主要体现在以下几个方面。

1. 提高学生语言实际运用能力

任务型教学法强调学生在实际操作中学习和运用语言，让学生在完成任务的过程中不断锻炼自己的听、说、读、写能力。通过任务型教学法，学生可以更加深入地了解语言的实际运用场景，更好地掌握语言的实际运用技巧，从而提高自己的语言实际运用能力。

2. 促进学生自主学习和合作学习

任务型教学法注重学生的主动性和参与性，鼓励学生在任务完成过程中自主学习和合作学习。学生可以根据自己的兴趣和需求，自主选择任务内容和难度，从而激发自己的学习动力和兴趣。同时，任务型教学法也强调学生之间的合作和交流，让学生在互动合作中相互学习、相互提高，从而更好地发挥自己的潜能。

3. 增强学生的跨文化意识和能力

英语作为一种国际语言，不仅仅是对语言的学习，更是跨文化交流和理解的过程。任务型教学法通过设计各种具有实际意义的任务，让学生在完成任务的过程中接触和了解不同文化背景的人和事，增强学生的跨文化意识和能力。同时，任务型教学法也鼓励学生进行批判性思考和分析，培养学生的跨文化交流能力和跨文化理解能力。

（二）任务型教学法在高校英语专业教学中的具体设计

任务型教学法是一种以任务为核心的教学方法，它强调学生通过完成任

第五章 中华优秀传统文化融入高校英语专业教学的方法革新

务来学习和掌握知识。在高校英语专业教学中，任务型教学法的应用具有重要的意义。

1.设计合理的任务

任务型教学法的关键在于任务的设计，因为任务的设计直接影响着学生的学习效果和兴趣。在设计任务时，教师需要充分考虑学生的实际情况和教学目标，以确保任务具有实际意义和针对性。

首先，任务的设计应该具有实际意义。这意味着任务应该与学生的日常生活和实际需要紧密相关，能够让学生在完成任务的过程中真正感受到学习的实用性和趣味性。例如，教师可以设计一些与旅游、购物、饮食等相关的任务，让学生在完成任务的过程中学习相关的英语表达和文化知识。这样的任务不仅具有实际意义，而且能够激发学生的学习兴趣和积极性。

其次，任务的设计应该具有层次性和渐进性。这意味着任务应该根据学生的英语水平和学习目标来设计，难度要逐渐提高，以保证学生能够在完成任务的过程中逐步提高英语水平。例如，对于初学者，教师可以设计一些简单的任务，如填写表格、选择正确答案等，以帮助学生掌握基本的语言知识和技能；对于中高级学习者，教师可以设计一些更加复杂的任务，如模拟演讲、辩论、写作等，以提高学生的语言运用能力和思维能力。

此外，任务的设计还需要注意以下几点。首先，任务应该具有可操作性和可行性，即任务应该能够被学生顺利完成，不会过于复杂或过于简单。其次，任务应该具有多样性和趣味性，即任务应该具有不同的形式和内容，能够吸引学生的兴趣和注意力。最后，任务应该具有合作性和互动性，即任务应该能够让学生之间进行合作和交流，促进学生的合作学习和社交技能的发展。

2.引导学生参与

在任务型教学法中，学生的参与不仅是必要的，而且是至关重要的。只有当学生真正投入到任务的完成过程中，他们才能从中获得真正的收益。为了实现这一目标，教师需要精心设计和组织每一项任务，确保任务既能满足学生的需求，又能激发他们的学习兴趣和主动性。

为了引导学生积极参与任务的完成过程，教师需要创造一个积极、安全的学习环境，让每个学生都感到自己被重视和被尊重。这样的环境有助于培养学生的自信心和表达能力，使他们更愿意分享自己的观点和想法。

在教学过程中，教师可以采用多种策略来促进学生的交流与合作。例如，教师可以组织学生进行小组讨论，让他们围绕某个主题展开深入交流。这不仅可以锻炼学生的沟通能力，还能培养他们的团队合作精神。此外，教师还可以设计角色扮演活动，让学生在模拟的情境中体验不同的角色，从而更好地理解任务的要求和目的。

除了小组合作和角色扮演外，教师还可以利用现代科技手段来增强教学效果。例如，教师可以利用多媒体课件、在线学习平台等工具来辅助教学，使教学更加生动、有趣。同时，教师还可以鼓励学生利用互联网资源自主学习，拓宽知识面和视野。

3.创设情境，提高学生的参与度

除了这些活动，教师还可以设计更多富有创意和实用性的情境任务，以增强学生的英语应用能力和语言感知力。

首先，教师可以模拟真实场景，如商务会议、旅游行程、社交聚会等，让学生扮演不同角色进行英语对话练习。通过模拟这些实际情境，学生不仅可以熟悉各种场景下的语言表达方式，还能培养他们在不同场合下的应变能力和沟通技巧。

其次，教师可以利用现代科技手段，如多媒体教学、在线互动平台等，创造更多元化的英语学习环境。例如，教师可以通过网络视频、英语听力材料等，让学生在家里也能进行自主学习和练习。同时，教师还可以设置在线互动任务，如小组讨论、角色扮演等，让学生在网络空间中也能积极参与英语交流。

最后，教师还可以鼓励学生参加各类英语实践活动，如文化交流项目、志愿者服务、实习实训等。这些活动不仅能够让学生亲身体验英语在实际工作中的应用，还能拓宽他们的视野，增强他们的跨文化交流能力。

4.注重任务的评价与反馈

任务型教学法是一种以完成任务为核心的教学方法，其注重学生在完成任务的过程中的参与和互动。这种教学法旨在激发学生的学习兴趣，提高学生的自主学习能力，并通过实践中的反思和总结，培养学生的综合素质。在任务型教学中，任务的评价与反馈环节是至关重要的。

教师的及时评价不仅能够让学生明确自己在任务完成过程中的表现，还能够帮助学生认识到自己的优点和不足。在评价过程中，教师应注重客观公正，避免主观臆断，同时，也要注重鼓励和激励，让学生感受到自己的进步和成长。

除了教师的评价，学生之间的相互交流和讨论也是非常重要的。学生可以通过互相评价、分享经验、讨论问题等方式，共同提高英语水平。这种互动式的评价方式不仅能够增强学生的合作意识和团队精神，还能够让学生更加深入地理解和掌握英语知识。

在任务型教学中，教师的角色不再是传统的知识传授者，而是学生的指导者和帮助者。教师需要关注学生的需求和困惑，提供具体的改进建议，帮助学生克服困难，实现自我提升。同时，教师还需要注重培养学生的自主学习能力和终身学习的意识，让学生在未来的学习和生活中能够持续进步和发展。

第二节 项目式教学法在高校英语专业教学中的应用

一、项目教学法（PBL）的内涵

（一）研究历程

"项目教学法"（Project-based Learning，简称PBL）源于欧洲劳动教育思想，历经漫长岁月的沉淀与演变，最终在20世纪初期得以确立。它的雏形可以追溯到18世纪欧洲的工读教育和19世纪美国的合作教育，这两种教育模式都强调实践与应用，为项目教学法的发展奠定了坚实的基础。

美国实用主义哲学家、教育家约翰·杜威（John Dewey）在批判传统学校教育的基础上，提出了"从做中学"（Learning by Doing）这一基本原则。[①]他认为，学生应该通过实际操作和问题解决来获取知识，而不是仅仅通过听讲和记忆。这一观点为项目教学法提供了重要的理论支持。

沿着杜威的实用主义教育思想，他的学生威廉·克伯屈（William Kilpatrick）进一步提出了"设计教学法"（Project Method）。[②]该方法旨在创设一个问题情境，让学生自己去计划、去执行和解决问题。克伯屈在1918年详细地论述了设计教学法的理论基础和实施步骤，并因此成为这一教学法的代表人物。设计教学法强调学生的主动性、合作性和实践性，使学生在实际操作中体验知识的生成与应用。

从20世纪70年代中后期开始，英语教育者们开始积极探索和应用项目教学法，依托项目的外语教学（Project-based language learning and instruction，简称PBLI）逐渐兴起。这种教学方法强调以学生为中心，通过实际项目来驱动学习，使学生在实际操作中掌握知识和技能。

到了20世纪末，Eyring（1989）和Beckett（1999）的博士论文对研究PBLI产生了深远影响。[③]他们的研究不仅深入探讨了项目教学法的理论基础，还为实践应用提供了有力的支持。[④]Haines（1989）在实践的基础上对PBLI进行总结，出版了《英语课堂项目：教师资源材料》（Projects for the EFL Classroom: Resource Material for Teachers），为EFL课堂教学提供了宝贵的参

[①] Dewey, J. Democracy and Education: An Introduction to the Philosophy of Education[M]. New York: Macmillan, 1926: 256.

[②] Kilpatrick W. H. The project method[J]. Teachers college record, 1918, 19(4): 1-5.

[③] Beckett, G. H. Project-based instruction in a Canadian secondary school's ESL classes: Goals and evaluations [D]. Vancouver: Unpublished doctoral dissertation, University of British Columbia, 1999: 161.

[④] Eyring J. L. Teacher experiences and student responses in ESL project work instruction: A case study[M]. Los Angeles: University of California, 1989: 213.

第五章　中华优秀传统文化融入高校英语专业教学的方法革新

考。[①]该著作的出版对在非英语国家英语教学实践中推广PBL产生了积极影响，推动了项目教学法在国际范围内的普及和应用。

进入21世纪，项目教学法在英语教学中得到了更广泛的应用。2002年，Fried-Booth在多年PBLI实践之后，收集、整理并最终出版了Project Work完全修订版，这是一部可供课堂教学参考使用的项目集。该书的出版为项目教学法的实践应用提供了更加丰富的资源和指导。

2005年，Beckett & Slater提出了一个可操作性的PBLI框架，并通过实证检验了该框架的有效性。[②]这个框架不仅为项目教学法的实践提供了明确的指导，也为后续研究提供了重要的参照。它是理论联系实际的一项重要研究成果，为项目教学法在英语教学中的深入发展奠定了基础。

2006年，Beckett & Miller出版了第一部PBLI专题研究文集《基于项目的第二外语教育：过去、现在和未来》(Project-based Second and Foreign Language Education: Past, Present and Future)。这部文集不仅总结了过去的研究成果，还展望了未来的发展方向。它打破了过去零散不成规模的研究局面，为形成PBLI研究的国际共同体、开创新的研究局面迈出了重要的一步。

随着项目教学法在英语教学中的不断深入和应用，我们相信它将在未来的教育领域发挥更加重要的作用。它不仅能够激发学生的学习兴趣和动力，还能够培养学生的实践能力和创新精神，为培养具有全球竞争力的人才做出重要贡献。

我国对"项目式教学"的研究虽然起步较晚，但发展迅速，影响深远。这一教学模式最初主要应用于职业教育领域，随着我国教育改革的深入，逐渐扩展至常规教育和外语教学等领域，显示出其强大的生命力和适应性。

1996年，《中华人民共和国职业教育法》的颁布为我国职业教育改革提供了法律保障。在这一背景下，我国学者借鉴德国的职业教育方法，将"项

[①] Haines S. Projects for the EFL classroom: resource material for teachers; contains copy masters[M]. UK: Nelson, 1989: 197.

[②] Beckett, G. H. Project-based instruction in a Canadian secondary school's ESL classes: Goals and evaluations[D]. Vancouver: Unpublished doctoral dissertation, University of British Columbia, 1999.

目式学习"引入国内，以提高职业教育效果。知网第一篇提到项目式教学的文献出现在1995年，赵志群简述了德国的职业教学法体系，同年，《科学课》杂志刊登了德国安内莉泽·波拉克女士所介绍的"德国家乡常识课项目设计教学实例"。这些早期的探索为我国项目式教学的发展奠定了基础。

1998年，洪长礼在《项目教学法的培训效果初探》一文中，介绍了王秉安教授在引入"项目教学法"后的工商管理培训效果。这篇文章从个人、教师、企业三个层面论述了项目教学法带来的影响，并表达了对该教学方法的展望。此后，国有企业在工商管理培训上开始纷纷尝试"项目学习法"。2000年，项目学习法进一步扩展至常规教育，昆明的春城小学将"项目式学习法"引入到了小学教育当中，用论文、演讲比赛的方式代替作业，为我国项目式教学的发展开辟了新的领域。

进入21世纪，我国在外语教学领域也开始探索项目式教学的应用。这一时期的研究多处于可行性探讨层面。1999年，文秋芳主导的南京大学"综合素质实践课"和2002年苏州大学的"多媒体项目教学"为我国项目学习在外语教学中的应用开辟了先河，并通过实践初步验证了项目学习在我国外语教学实践中的可行性。

随着项目式教学在外语教学领域的初步尝试，研究者们开始关注其在本土环境下的适应性和优化。张明芳（2011）从后方法视角构建出我国外语教学环境下的项目学习框架。[1]张文忠（2015）在系统的文献研究基础上，开设了英语研究式学习（English Through Projects）课程，并提出了适合研究型大学英语专业的本土化项目英语教学模式。[2]武会芳（2017）探讨了外语项目化教学中小组项目评价方式。[3]这些研究为项目式教学的本土化提供了有力支持。

---

[1] 张明芳.后方法视角下外语教学中的项目学习框架[J].河北师范大学学报（教育科学版），2011，13（06）：88-92.

[2] 张文忠.PBLI——本土化的依托项目英语教学模式[J].中国外语，2015，12（02）：15-23.

[3] 武会芳.外语项目化教学中小组项目评价方式与难点分析[J].大学教育，2017，(08)：180-183.

第五章　中华优秀传统文化融入高校英语专业教学的方法革新

随着PBLI教学模式在本土的推广和深入，其教学效果成为研究热点。盘峻岚（2017）使用恩尼斯—维尔批判性思维作文测试（Ennis-Weir Critical Thinking Essay Test）量具对比分析实验组和对照组测试分数，结合实验组学生的项目日志等质性数据，得出结论：项目学习法对英语专业学生的批判性思维能力确有积极影响。[①]李继燕（2019）通过定量定性分析相结合的方法，探讨了学生对项目式教学的认可度和历时认知变化，研究发现学生对项目式学习主体持肯定态度，认为能有效提升阅读、写作和口语能力，能有效提高学生的综合素质。[②]多位研究者通过实验先后证实项目教学法对大学生内在学习动机产生积极影响，可以提升学习效率，拓宽知识渠道、提升素养，转变英语学习观念和方式，提高人际交往能力等。

（二）特征表现

项目教学法具有实践性强、以学生为主体、以教师为指导、注重过程评价等基本特征。这种教学方法能够激发学生的学习兴趣和动力，培养学生的创新精神和实践能力，提高学生的综合素质和职业能力。因此，在项目教学法的实施过程中，需要充分发挥其优势，注重学生的实践能力和综合素质的培养，为学生的未来发展奠定坚实的基础。

1.实践性强

项目教学法强调学生的实践操作能力，通过实际操作完成项目任务，使学生能够将理论知识与实践相结合，提高实践能力和解决问题的能力。在项目实施过程中，学生需要自主设计、规划、实施和评估项目，充分发挥自己的主动性和创造性，从而提高学生的综合素质和职业能力。

[①] 盘峻岚.项目学习法对英语专业学生批判性思维能力影响的实证研究[J].现代语言学，2017，5（3）：267-277.
[②] 李继燕.信息技术支持下项目式大学英语教学实践与反思[J].教学研究，2019，42（03）：63-69.

2.以学生为主体

项目教学法注重学生的主体地位，尊重学生的兴趣爱好和个性特点，充分发挥学生的主观能动性和创造力。在项目实施过程中，学生需要主动探究问题、寻求解决方案，并与其他同学合作交流，共同完成项目任务。这种教学方式能够激发学生的学习兴趣和动力，培养学生的自主学习能力和团队协作精神。

3.以教师为指导

在项目教学法实施中，教师扮演着指导者和引导者的角色。教师需要精心设计项目任务，提供必要的指导和支持，帮助学生解决问题、克服困难。同时，教师还需要关注学生的学习进程和表现，及时给予反馈和评价，引导学生不断完善和提高自己的能力和素质。

4.注重过程评价

项目教学法注重过程评价，强调对学生学习过程的关注和评价。在项目实施过程中，教师需要对学生的表现进行及时评价，鼓励学生发挥自己的优势，发现和纠正自己的不足。同时，教师还需要对整个项目过程进行总结和反思，以便更好地指导后续的教学工作。

二、项目型教学法在高校英语专业教学中的应用设计

（一）项目型教学法在高校英语专业教学中的应用意义

随着教育改革的不断深化和全球化趋势的加速，高校英语专业教学面临着越来越多的挑战和机遇。传统的教学方法已经无法满足现代教育的需求，而项目型教学法作为一种新型的教学模式，正逐渐受到广大教育工作者的青睐。项目型教学法在高校英语专业教学中的应用意义主要体现在以下几个方面。

1.提升学生的实践能力

项目型教学法注重学生的实践操作和问题解决能力，通过设计具体的教

第五章 中华优秀传统文化融入高校英语专业教学的方法革新

学项目,让学生在实践中学习和掌握专业知识。这种教学模式能够有效地弥补传统教学方法中重理论轻实践的缺陷,帮助学生更好地适应未来的工作和社会需求。

2.增强学生的自主学习能力

项目型教学法强调学生的主体性和自主性,鼓励学生自主选择项目、设计方案和完成任务。在这种教学模式下,学生能够充分发挥自己的主观能动性,积极参与教学过程,提高自主学习能力,为未来的学习和职业发展打下坚实的基础。

3.促进学生的团队合作和沟通能力

项目型教学法通常采用小组合作的形式进行,要求学生之间互相协作、共同完成任务。这种教学模式能够有效地培养学生的团队合作和沟通能力,提高学生的综合素质和社会适应能力。

4.拓宽学生的知识视野和创新能力

项目型教学法注重学生的创新思维和创造力培养,鼓励学生自主探索、勇于创新。通过参与具体的教学项目,学生能够接触到更多的知识和信息,拓宽自己的知识视野,提高自己的创新能力。

(二)项目型教学法在高校英语专业教学中的具体设计

项目型教学法在高校英语专业教学中的应用,不仅可以激发学生的学习兴趣和积极性,还可以培养学生的实践能力和创新精神,促进学生的全面发展。因此,高校英语专业教师应积极探索和实践项目型教学法,不断完善其应用策略,为培养高素质、具有创新精神和实践能力的英语专业人才做出贡献。

1.设定明确的项目目标

在项目型教学法中,项目的设定至关重要。高校英语专业教师应根据课程要求和学生实际情况,设定明确、具体、可行的项目目标。目标应具有实际意义和可操作性,能够激发学生的学习兴趣和积极性。

2.设计合理的项目内容

项目内容是项目型教学法的核心。在设计项目内容时，教师应注重内容的实用性、针对性和趣味性，紧密结合英语专业知识和技能要求，使学生在完成项目的过程中，既能够巩固所学知识，又能够拓展新的领域。

3.采用多种教学方式和手段

在项目型教学法中，教师应灵活运用多种教学方式和手段，如小组讨论、角色扮演、案例分析、调研报告等，以满足不同学生的学习需求和兴趣爱好。同时，教师还应注重培养学生的自主学习能力和创新思维，鼓励学生在项目中发挥创意和想象力。

4.建立有效的评价体系

项目型教学法的评价体系应以学生为中心，注重过程和结果的双重评价。在评价过程中，教师应关注学生在项目中的表现、合作、创新等方面，给予及时的反馈和指导。同时，还应注重项目的实际成果和效果，以评价项目型教学法的应用效果和改进方向。

第三节　产出导向教学法在高校英语专业教学中的应用

一、产出导向教学法（POA）的内涵

产出导向法（Production-Oriented Approach，简称POA）是我国著名教育学者文秋芳教授在教育领域提出的一种创新性教育理念。该理念的核心主张"以学习为核心，以提高学生的效率"，强调了"学"与"用"的紧密结

第五章　中华优秀传统文化融入高校英语专业教学的方法革新

合。[①]产出导向法中的教学假设理论为实际教学课堂中的教学流程设计提供了理论支撑，使得教学活动更具针对性和有效性。

在产出导向法中，"输入促成假说"提出了一个新的观点：恰当地输入能够提高学生的英语水平。这一假说认为，教师应该根据学生的实际需求，提供有针对性的学习材料，帮助学生更好地理解和掌握知识。此外，"选择学习假说"的真正含义是：从学生的实际需求出发，选择对产生结果有利的教材，以节约时间，达到较好的学习效果。这一假说强调了学习材料的选取应与学生的学习目标和实际需求相匹配，从而提高学习效果。

"以评促学假设"则倡导在教师的指导下，通过学生的自我评价、学生之间的同伴互评，以及师生合作评价，来对学生的学习情况进行深入分析。这一假设认为，评价不仅可以激励学生学习，还可以帮助教师了解学生的学习情况，进而调整教学策略。评价可以分为"即时评价"和"延时评价"两种。即时评价指的是在学生进行学习和输出的过程中，教师对学生目前所达到学习效果做出的评价，这可以帮助教师对教学进度和方法做出相应的调整。所谓延时评估，就是学生在教师的引导下，经过一段时间练习，将练习结果提交给教师，教师进行评价。

产出导向法不仅是一种教育理念，更是一种教育方法。它强调学习过程的实际应用，倡导学生在实践中学习，通过实际操作来提高学习效果。这一方法的应用范围广泛，不仅适用于语言学习，也适用于其他学科的学习。产出导向法以其独特的教育理念和实际应用效果，为我国教育领域的发展提供了新的思路和方向。

然而，产出导向法在我国的推广和应用仍然面临一些挑战。首先，只有教师的教育观念和教学方式发生转变，才能真正理解和应用产出导向法。其次，只有教学资源的开发和利用得到加强，才能为产出导向法提供足够的支持。最后，只有教师和学生对产出导向法的接受程度不断提高，才能真正发挥产出导向法的作用。

[①] 文秋芳."产出导向法"教学材料使用与评价理论框架[J].中国外语育，2017，10（2）：17-23+95-96.

总之，产出导向法是一种富有创新性的教育理念，它强调学习过程的实际应用，倡导学生在实践中学习。尽管在我国的推广和应用面临一些挑战，但产出导向法以其独特的教育理念和实际应用效果，为我国教育领域的发展提供了新的思路和方向。

二、产出导向教学法在高校英语专业教学中的应用设计

（一）产出导向教学法在高校英语专业教学中的应用意义

产出导向教学法作为一种新型的教学方法，近年来在高校英语专业教学中逐渐受到关注和应用。该方法强调学生的主动性和实践性，以实际产出为导向，旨在提高学生的英语应用能力和综合素质。在高校英语专业教学中，产出导向教学法的应用意义主要体现在以下几个方面。

首先，产出导向教学法有助于培养学生的实际运用能力。传统的英语教学方法往往注重语言知识的灌输，而忽视了学生的实际运用能力。产出导向教学法通过设计实际任务，让学生在完成任务的过程中运用所学知识，从而提高学生的实际运用能力。这种教学方法使学生能够将所学知识与实际情境相结合，更好地适应未来的工作和社会需求。

其次，产出导向教学法有助于提高学生的自主学习能力。在产出导向教学法中，学生需要主动参与任务的设计和实施过程，这要求学生具备一定的自主学习能力。通过自主完成任务，学生可以逐渐培养起自主学习的习惯和能力，从而更好地掌握英语知识和技能。

再次，产出导向教学法有助于增强学生的团队合作意识。在完成任务的过程中，学生需要相互协作、分工合作，这有助于培养学生的团队合作意识和能力。同时，团队合作也有助于提高任务的完成效率和质量，从而更好地实现教学目标。

最后，产出导向教学法有助于促进学生的全面发展。在产出导向教学法中，学生不仅需要掌握语言知识，还需要具备跨学科的知识和能力，如创新思维、批判性思维、沟通能力等。这种教学方法有助于促进学生的全面发

展，提高学生的综合素质。

（二）产出导向教学法在高校英语专业教学中的具体设计

产出导向教学法在高校英语专业教学中的应用具有重要意义。通过明确教学目标、优化教学内容、创新教学方法、加强师生互动以及完善评价体系等措施，可以有效地提高英语专业教学的效果和质量，培养出更多具备英语实践能力的优秀人才。

1.明确教学目标，强调学以致用

产出导向教学法强调以学生的实际需求为出发点，明确教学目标，注重学以致用。在高校英语专业教学中，教师应根据学生的学习需求和专业特点，设定具体、明确的教学目标。例如，针对商务英语专业的学生，可以设定提高商务英语沟通能力的目标；针对英语教育专业的学生，可以设定提高英语教学能力的目标。通过明确教学目标，使学生更加明确学习方向，提高学习动力。

2.优化教学内容，注重实践应用

产出导向教学法注重实践应用，强调将理论知识与实际操作相结合。在高校英语专业教学中，教师应优化教学内容，增加实践环节，使学生能够在实践中巩固和运用所学知识。例如，可以通过组织英语演讲比赛、模拟商务谈判等活动，让学生在实践中锻炼英语口语和沟通能力；可以通过开展英语教学实习、教案设计等活动，让学生在实践中提高英语教学能力。

3.创新教学方法，提高学生参与度

产出导向教学法倡导以学生为中心，充分发挥学生的主体性。在高校英语专业教学中，教师应创新教学方法，采用多种教学手段，如小组讨论、角色扮演、案例分析等，以激发学生的学习兴趣和积极性。同时，还应注重学生的参与度，鼓励学生主动参与到教学活动中来，发表自己的观点和看法，提高学习效果。

4.加强师生互动,促进教学相长

产出导向教学法强调师生互动,认为师生之间的有效沟通是提高教学效果的关键。在高校英语专业教学中,教师应加强与学生的互动,及时了解学生的学习情况和需求,调整教学策略。同时,还应鼓励学生提出问题和建议,促进教学相长。加强师生互动,可以建立起良好的师生关系,为教学质量的提升奠定坚实基础。

5.完善评价体系,注重过程与结果相结合

产出导向教学法关注学生的学习过程和成果,采用过程与结果相结合的评价方式。在高校英语专业教学中,教师应完善评价体系,既关注学生的学习成绩,又关注学生在学习过程中的表现和努力。通过采用多种评价方式,如自我评价、同伴评价、教师评价等,全面了解学生的学习情况和进步。同时,还应将评价结果与教学目标相结合,为学生提供有针对性的反馈和指导,帮助他们更好地提高英语能力。

第四节　成果导向教学法在高校英语专业教学中的应用

一、成果导向教学法(OBE)的内涵

1994年,斯派蒂在他的著作《基于产出的教育:争议与答案》(Outcome-BasedEducation: Critical Issues and Answers)中对成果导向教学法(OBE)的内涵进行了定义。他认为,教育的核心在于实现学生的学习成果,而教育结构和课程只是实现这一目标的手段,而非目的。如果教育过程不能有效地培

第五章　中华优秀传统文化融入高校英语专业教学的方法革新

养学生的能力，那么就需要对教育过程进行重建。[①]

澳大利亚教育部门也对OBE理念的内涵进行了解释，他们认为OBE理念是一种实现学生特定学习产出的教育过程。在这个过程中，教育结构和课程是实现这一目标的手段，而非目的。如果教育过程不能有效地培养学生的能力，那么就需要对教育过程进行重建。

从以上的定义和解释中我们可以看出，OBE理念的核心理念是"成果导向、学生中心、持续改进"。这意味着，所有的教学活动都应该以学生的学习成果为导向，以学生为中心，并且应该不断地进行改进和优化。在实际的教育实践中，OBE理念的应用，需要教师和教育工作者对学生的学习成果有清晰的认识，并且能够有效地设计和实施教学活动计划，以实现学生的学习成果。同时，教师和教育工作者还要能够有效地评价学生的学习成果，以便及时调整教学策略，以保证教学效果的最大化。

李志义、朱泓、刘志军、夏远景（2014）归纳了OBE的实施框架：一个核心目标、两个重要条件、三个关键前提、四个实施原则、五个实施要点（见图5-1）。

图5-1　OBE 三角形实施框架[②]

[①] Spady, W. G. Outcome-Based Education: Critical Issues And Answers[J]. Arlington，VA: American Association of school Administrators, 1994(21): 1–10.

[②] 胡凡迪.基于OBE理念的项目式学习教学模式设计与应用研究[D].大连：辽宁师范大学，2021：14.

李志义、朱泓、刘志军、夏远景（2014）在他们的研究中，深入探讨了OBE（Outcome-Based Education，基于结果的教育）的实施框架。该框架旨在为教育者提供一个系统的指导，以确保教育过程更加聚焦学生的最终学习成果。这一框架不仅详细阐述了OBE的核心目标，还明确了实施OBE的两个重要条件、三个关键前提、四个实施原则以及五个实施要点。[①]

OBE的核心目标是以学生的学习成果为导向，确保教育质量和效果。这意味着教育者需要关注学生的学习成果，而非仅仅关注教学内容和教学方法。通过设定明确、可衡量的学习成果，教育者可以更好地评估学生的学习效果，并根据反馈进行及时调整，以提高教育质量。

在实施OBE时，有两个重要条件需要满足。首先，教育者需要充分了解学生的学习需求和背景，以便为他们提供个性化的学习支持。其次，教育者需要与学生建立积极的互动关系，鼓励他们积极参与学习过程，并及时给予反馈和指导。

此外，OBE的实施还需要满足三个关键前提条件。首先，教育者需要明确教育目标，确保教育内容与学生的学习成果紧密相关。其次，教育者需要采用多样化的教学方法和手段，以满足不同学生的学习需求。最后，教育者需要建立有效的评估机制，以便及时了解学生的学习进展和成果，并根据评估结果进行必要的调整。

在实施OBE的过程中，教育者需要遵循四个原则。首先，以学生为中心，确保教育过程始终关注学生的学习成果和发展。其次，强调学生的参与和主动性，鼓励他们积极参与学习过程，并主动寻求帮助和支持。再次，注重学生的反思和自我评估，帮助他们发现自己的优点和不足，并制订相应的改进计划。最后，强调持续改进，根据学生的学习成果和反馈，不断调整和优化教育过程。

为了更好地实施OBE，教育者还需要关注五个要点。第一，明确学习目标，确保教育目标与学生的学习需求紧密相关。第二，设计合适的教学方法

[①] 李志义，朱泓，刘志军，夏远景.用成果导向教育理念引导高等工程教育教学改革[J].高等工程教育研究，2014，（02）：29-34+70.

和手段，以满足不同学生的学习需求。第三，建立有效的评估机制，及时了解学生的学习进展情况和成果，并根据评估结果进行必要的调整。第四，提供个性化的学习支持，帮助学生克服学习困难，充分发挥他们的潜力。第五，加强与学生的沟通和互动，建立良好的师生关系，为学生的学习和发展创造良好的环境。

总之，OBE的实施框架为教育者提供了一个系统的指导，以确保教育过程更加聚焦学生的最终学习成果。通过明确核心目标、满足重要条件、遵循实施原则、抓住关键前提和要点，教育者可以更加有效地实施OBE，提高教育质量，为学生的全面发展提供有力支持。

二、成果导向教学法在高校英语专业教学中的应用

（一）成果导向教学法在高校英语专业教学中的应用意义

成果导向教学法（Outcome-Based Education，简称OBE）作为一种先进的教学理念，近年来在我国高等教育领域得到了广泛的关注和应用。下面将探讨成果导向教学法在高校英语专业教学中的应用意义。

1.提高学生的学习效果

成果导向教学法强调以学生的学习成果为导向，注重学生的实际需求和能力培养。在高校英语专业教学中，通过运用成果导向教学法，教师可以更加明确教学目标，有针对性地设计教学活动，使学生的学习更加具有针对性和实效性。同时，成果导向教学法还强调学生的主体性和参与性，鼓励学生积极参与课堂讨论、实践活动等，从而激发学生的学习兴趣和积极性，进一步提高学生的学习效果。

2.促进教师的专业发展

成果导向教学法要求教师在教学设计、教学实施和教学评价等各个环节中，都要以学生的学习成果为导向，这对教师的专业素养和教学能力提出了更高的要求。因此，高校英语专业教师在应用成果导向教学法的过程中，需

要不断学习和探索新的教学方法和手段，不断更新自己的教学理念和教学策略，从而促进教师的专业发展。

3.适应社会的需求

随着社会的不断发展，用人单位对于英语专业毕业生的要求也在不断提高。他们不仅需要毕业生具备扎实的英语语言基础，还需要毕业生具备良好的跨文化交际能力、创新能力、团队协作能力等。成果导向教学法注重学生的能力培养和综合素质的提高，能够更好地满足社会的需求。通过运用成果导向教学法，高校英语专业可以培养出更加符合社会需求的英语专业人才，为社会的发展作出更大的贡献。

4.推动教育教学的改革

成果导向教学法是一种先进的教学理念，它强调以学生为中心，以学生的学习成果为导向，注重学生的能力培养和综合素质的提高。这种教学理念的引入和推广，可以推动高校英语专业的教学改革，改变传统的以教师为中心的教学模式，激发学生的学习兴趣和积极性，提高学生的学习效果和综合素质。同时，成果导向教学法的应用还可以促进教育教学的创新和发展，为高等教育的发展注入新的活力和动力。

（二）成果导向教学法在高校英语专业教学中的具体设计

成果导向教学法在高校英语专业教学中的教学设计具有重要意义。明确教学目标、实用性的教学过程和有效性的教学评价，可以提高学生的英语实践能力和跨文化交际能力，促进学生的全面发展。因此，高校英语专业教师应该积极探索和实践成果导向教学法，不断优化教学设计，为培养具有国际视野和跨文化交际能力的人才做出积极的贡献。

1.明确教学目标

在成果导向教学法中，教学目标的明确性至关重要。在高校英语专业教学中，教师需要明确学生的语言技能、文化知识、交际能力和学习策略等方面的目标，并根据这些目标设计相应的教学活动。例如，针对学生的口语表

第五章　中华优秀传统文化融入高校英语专业教学的方法革新

达能力，教师可以设计角色扮演、演讲、辩论等教学活动，以提高学生的口语表达和交流能力。

2.实用性的教学过程

成果导向教学法注重教学过程的实用性。在高校英语专业教学中，教师需要注重培养学生的实际应用能力，将理论知识与实践相结合。例如，在教授英语语法时，教师可以结合具体的语境和情境，引导学生运用所学知识解决实际问题。同时，教师还可以组织学生进行英语角、英语俱乐部等活动，以提高学生的英语实践能力和跨文化交际能力。

3.有效性的教学评价

成果导向教学法强调教学评价的有效性。在高校英语专业教学中，教师需要采用多种评价方式，全面了解学生的学习情况和成果。除了传统的笔试和口试外，教师还可以采用自我评价、同伴评价、教师评价等多种方式，以便更全面地了解学生的学习成果和进步情况。同时，教师还需要及时给予学生反馈和指导，帮助学生发现和纠正学习中存在的问题，进一步提高学习效果。

第六章　中华优秀传统文化融入高校英语专业教材的建设

　　中华优秀传统文化融入高校英语专业教材的建设,不仅是传承和弘扬民族文化的重要举措,也是提升英语专业教育内涵和质量的必要途径。这一建设过程需要充分考虑英语专业的特点和需求,同时也要注重中华优秀传统文化的深入挖掘和整合。本章重点分析中华优秀传统文化融入高校英语专业教材的建设。

第六章　中华优秀传统文化融入高校英语专业教材的建设

第一节　高校英语专业教材建设的现状

高校英语专业教材建设的现状呈现出多元化、全面性和创新性的特点。随着全球化的进程加快和国际交流的日益频繁，英语作为国际通用语言的重要性日益凸显。因此，高校英语专业教材建设成为培养高素质英语人才的关键环节。

一、高校英语专业教材建设取得的成果

随着全球化和信息技术的飞速发展，英语作为国际交流的主要语言，其重要性日益凸显。在这样的背景下，高校英语专业教材建设也取得了显著的成果。这些成果不仅体现在教材内容的丰富性、实用性和前瞻性上，更体现在对教学方法和教育理念的创新上。这些成果为培养具有国际视野和跨文化交际能力的英语专业人才提供了有力的支撑。

（一）教材种类丰富

高校英语专业教材的种类繁多，这一事实反映了英语学科广泛的知识领域和多元的研究方向。这些教材不仅覆盖了英语语言知识的基础，如语法、词汇和语用学，还深入探讨了英语文学的经典作品、文化传统的历史演变以及跨文化交流的实践应用。此外，翻译学的专业教材也为学生提供了从理论和实践两个层面掌握翻译技巧的可能性。

在英语语言知识方面，教材通常从基础语法和词汇入手，逐步引导学生掌握英语的句子结构、时态语态、词汇搭配等核心要素。这些基础知识的学习为学生日后的听、说、读、写等技能的提升打下了坚实的基础。

在文学领域，教材通过选取不同时期的经典文学作品，如莎士比亚的戏剧、简·奥斯汀的小说等，让学生领略到英语文学的魅力。通过对这些作品

的分析和解读,学生不仅能够提升文学鉴赏能力,还能深入了解英语国家的历史、社会和文化背景。

文化方面,教材介绍了英语国家的风土人情、习俗传统、价值观念等,帮助学生建立起对英语国家文化的整体认识。这种跨文化的学习有助于培养学生的国际视野和跨文化交际能力,为未来的国际交流与合作作好准备。

翻译学教材则注重培养学生的翻译实践能力和理论素养。通过翻译实践练习,学生可以掌握各种翻译技巧和方法,提高翻译质量。同时,翻译理论的学习也有助于学生理解翻译的本质和规律,为未来的翻译工作提供指导。

高校英语专业教材的丰富多样性为学生提供了全面而深入的学习资源。这些教材不仅有助于提高学生的英语水平和文学素养,还能培养他们的跨文化交际能力和翻译实践能力。在未来的学习和工作中,这些知识和技能将为学生带来无尽的机遇和挑战。

(二)教材的质量得到了提升

随着教育改革的不断深化,高校英语专业教材的质量也在稳步提升。这种进步不仅仅体现在教材的内容上,还体现在其教学方法和教学理念的更新上。现在的英语专业教材,已经不再仅仅是单一的知识传递工具,而是融合了多元化、实践性、创新性的教育理念,旨在全面提升学生的实际应用能力和综合素质。

在教学理念方面,现代的英语专业教材更加注重以学生为中心,强调学生的主体性和参与性。教材编写者不再只是简单地罗列知识点,而是尝试通过设计各种富有启发性的教学活动,激发学生的学习兴趣,引导他们主动探究知识,从而培养他们的自主学习能力和创新精神。这种理念转变的背后,反映了教育界对学生个性化、全面发展的高度重视。

在教学方法上,现代的英语专业教材也呈现出多样化和灵活性的特点。除了传统的课文讲解和语法分析,现代教材还引入了角色扮演、小组讨论、案例分析等多种教学方法,让学生在多样化的学习活动中提升英语应用能力。同时,教材还注重培养学生的跨文化交际能力,通过介绍不同国家的文化、习俗和价值观,帮助学生更好地理解英语国家的文化背景,从而在实际

第六章　中华优秀传统文化融入高校英语专业教材的建设

交流中避免误解和冲突。

在教材内容上，现代的英语专业教材也更加注重实用性和综合性。除了基础的语言知识，教材还涵盖了商务英语、旅游英语、法律英语等多个领域的内容，以满足学生在不同领域的需求。此外，教材还注重培养学生的批判性思维能力和创新能力，通过引导学生分析、评价各种英语文本，培养他们的独立思考和解决问题的能力。

高校英语专业教材的质量提升是教育改革的重要成果之一。通过采用先进的教学理念和方法，现代教材不仅注重培养学生的实际应用能力，还注重提升他们的综合素质。这种变化不仅符合时代的需求，也为学生的全面发展提供了有力的支持。

二、高校英语专业教材建设面临的问题

（一）教材内容更新速度较慢

高校英语专业教材内容的更新速度较慢，这一现象引起了广泛关注。随着时代的快速发展和英语语言的不断演变，教材内容更新滞后已经成为制约学生英语能力提高的重要因素之一。

高校英语专业教材内容的更新速度较慢，这与教材编写和审查的流程有关。通常情况下，教材的编写需要耗费大量的时间和精力，需要经过多次修改和完善。而在审查环节，由于需要考虑到教育政策、教学大纲、学科特点等多个方面的因素，审查过程也相对烦琐。因此，教材更新的周期往往较长，难以跟上时代的发展和英语语言的演变。

英语语言本身是一个不断发展和演变的过程。随着全球化的加速和信息技术的飞速发展，英语作为一种国际通用语言，其使用范围越来越广泛，同时也面临着不断变化的挑战。新的词汇、语法、表达方式不断涌现，而传统教材往往难以及时反映这些变化，导致学生难以掌握最新、最地道的英语表达。针对这一问题，需要采取积极的措施来促进高校英语专业教材内容的更新。首先，可以加强教材编写和审查的团队建设，提高编写和审查的效率和

质量。其次，可以引入更多的专家和学者参与教材编写和审查，以保证教材内容的科学性和前瞻性。

此外，还可以加强与国际英语教育界的交流和合作，了解最新的英语教育理念和教学方法，及时引入国际上先进的英语教材和教学资源，为学生提供更加全面、系统的英语学习体验。此外，还可以鼓励学生积极参与教材编写及其学习反馈，让学生的声音和需求得到更加充分的体现。通过学生的反馈意见，可以及时发现教材中存在的问题和不足，及时进行修订和完善，使教材内容更加贴近学生的实际需求。

（二）教材缺乏系统性和科学性

高校英语专业教材的编写质量一直是备受关注的话题。然而，现实中不难发现，这些教材的编写质量参差不齐，令人担忧。一些教材缺乏系统性和科学性，难以满足学生的学习需求，这无疑给学生的学习带来了很大的困扰。

首先来看看这些教材缺乏系统性和科学性的问题。系统性是指教材内容应该按照一定的逻辑顺序组织，使学生能够循序渐进地学习。而科学性则是指教材内容的准确性和可靠性，以及教学方法的合理性。然而，有些教材在编写时忽视了这些方面，导致教材内容零散、混乱，缺乏条理性。同时，一些教材内容陈旧，无法跟上时代的步伐，无法满足学生的学习需求。这样的教材不仅难以激发学生的学习兴趣，还会影响他们的学习效果。

其次，不同高校之间的教材选用存在差异，缺乏统一的标准和规范。由于各高校的教学目标和课程设置不同，因此在选用教材时也会存在差异。这本身是正常的现象，但是问题在于，有些高校在选用教材时缺乏统一的标准和规范，导致选用的教材质量参差不齐。一些高校过于追求新颖和特色，而忽视了教材的基本要求和学生的实际需求。这样的做法不仅不利于学生的学习，也会影响整个专业的教学质量。

针对这些问题，应该采取积极的措施加以解决。首先，高校应该加强对教材编写的监管和评估，确保教材的质量和水平。同时，应该鼓励教师积极参与教材编写和修订工作，使教材内容更加贴近学生的实际需求。其次，各

第六章　中华优秀传统文化融入高校英语专业教材的建设

高校之间应该加强沟通和协作，共同制定教材选用的标准和规范，确保选用的教材符合教学要求和学生需求。此外，还可以借鉴国外先进的教材编写经验和方法，提高我国高校英语专业教材的整体水平。

总之，高校英语专业教材的编写质量和选用问题是关系到整个专业教学质量和学生学习效果的重要问题。应该加强对这些问题的研究和探讨，积极采取措施加以解决，为学生的学习和发展提供更好的支持和保障。同时，也应该认识到，教材编写和选用只是教学过程中的一部分，要想提高整个专业的教学质量，还需要在教学方法、师资队伍、教学设施等方面下大力气。只有综合施策、多管齐下，才能真正实现高校英语专业教学的优质发展。

第二节　中华优秀传统文化融入高校英语专业教材建设的原则

一、尊重传统，保持原汁原味

在将中华优秀传统文化融入高校英语专业教材建设的过程中，必须始终坚守对传统文化的尊重与传承。尊重传统并非简单地复制粘贴，而是要在保持文化原汁原味的基础上，进行深入的研究和精心的筛选。这就要求在选取文化元素、编写教材内容时，必须以严谨的态度，尽可能真实地反映传统文化的内涵和特色，避免过度解读或误读。

首先，要明确传统文化的核心价值。中华传统文化源远流长，博大精深，涵盖了诗词歌赋、书画艺术、哲学思想、道德规范等多个方面。在教材编写过程中，应当精选那些能够体现传统文化精髓的元素，如《诗经》中的经典诗句、《易经》的哲学思想、孔子的教育理念等，这些都是中华文化的瑰宝，值得深入研究和传承。

其次，要注重传统文化的历史脉络和发展轨迹。不能仅仅停留在传统文化的表面，而要深入挖掘其背后的历史背景和演变过程。在教材中，可以设置专门的章节，介绍传统文化的发展历程，让学习者能够全面了解传统文化的演变过程，从而更好地理解其内涵和价值。

再次，还需要关注传统文化与现代社会的契合点。传统文化并非过时的东西，而是具有永恒价值的宝贵财富。在现代社会中，传统文化依然能够提供智慧和启示。因此，在教材编写过程中，要善于将传统文化与现代社会相结合，挖掘其现实意义和应用价值。例如，可以介绍传统文化在现代企业管理、人际交往、心理调适等方面的应用，让学习者感受到传统文化的时代魅力。

最后，要注重教材的多样性和趣味性。在编写教材时，要充分考虑学习者的兴趣和需求，采用多种形式和手段来呈现传统文化。例如，可以运用生动的插图、有趣的案例、互动的练习等方式，让学习者在轻松愉快的氛围中学习传统文化，从而提高其学习效果和兴趣。

二、融合创新，适应现代需求

在尊重传统文化的基础上，同样需要保持一颗开放创新的心，让传统文化与现代社会的需求相互融合，绽放出新的生命力。这种融合创新不仅是对传统文化的传承，更是对其的发扬和升华。

教材内容的更新是这一理念的重要体现。不能仅仅满足于对传统文化的简单复述，而应当积极引入现代社会的价值观念、审美标准以及语言习惯等元素，让传统文化在与时俱进的过程中焕发出新的光彩。例如，在英语教材中，可以加入关于中国传统文化的英文介绍，让英语专业的学生在学习语言的同时，也能深入了解和欣赏自己的文化。同时，还可以结合现代社会的热点问题，如环保、科技、社会公正等，探讨传统文化在这些领域的价值和意义，从而增强学生的社会责任感和使命感。

当然，要实现这一目标，还需要关注英语专业学生的学习特点。作为英语专业的学生，他们不仅需要掌握扎实的语言基础，更需要培养跨文化的交际能力。因此，在选择文化内容和教学方式时，应充分考虑到他们的实际需求和兴趣点。例如，可以引入一些与传统文化相关的英文电影、音乐、文学作品等，让学生在欣赏和学习中感受文化的魅力。同时，还可以组织一些实践活动，如文化体验、文化交流等，让学生在亲身体验中加深对传统文化的理解和认同。

三、注重实用，强调应用能力

高校英语专业的教学目标是培养学生扎实的语言基础和全面的语言应用能力，其中自然包括对跨文化交际能力的培养。而在这一过程中，融入中华优秀传统文化不仅有助于增强学生的文化自信，还能有效促进他们的语言应用能力和跨文化交际能力。因此，如何在教材中巧妙地融入传统文化，成为一项至关重要的任务。

首先，必须明确一个观点：融入中华优秀传统文化并不意味着简单地添加一些与传统文化相关的内容。更重要的是，要注重实用性和应用性，确保这些文化元素能够真正被学生吸收并运用到实际的语言交际中。为了实现这一目标，可以采取多种策略。首先，可以设计一系列实践活动，如角色扮演、模拟对话等，让学生在模拟的真实场景中运用英语表达传统文化。例如，可以设置一个关于中国传统节日的对话场景，让学生在对话中介绍节日的起源、习俗和意义。这样，学生不仅能够深入了解传统文化，还能提高他们在真实情境中运用英语的能力。

其次，案例分析也是一种非常有效的教学方法。可以选取一些与传统文化紧密相关的案例，如中国传统艺术、文学作品等，让学生进行分析和讨论。通过这一过程，学生可以更深入地理解传统文化的内涵和价值，同时也能锻炼他们的批判性思维和跨文化交际能力。此外，还可以在教材中加入一些与传统文化相关的词汇和表达方式，帮助学生更准确地用英语表达传统文化。这不仅可以丰富学生的词汇量，还能提高他们的语言表达能力。

四、多元包容，尊重文化差异

在全球化的浪潮下，我们身处于一个多元文化交融的时代。面对这种大背景，必须注重多元包容，尊重并理解文化差异。全球化不仅是经济、科技等领域的融合，更是文化之间的碰撞与交流。在这样的环境中，中华优秀传统文化的传承显得尤为重要。

多元包容是实现全球和谐共处的重要前提。各种文化都是人类智慧的结晶，它们各具特色，共同构成了丰富多彩的世界。在融入中华优秀传统文化的过程中，不仅要弘扬本民族的优秀传统，还要积极学习借鉴其他文化的长处。这样不仅可以拓宽我们的视野，也有助于增强我们的文化自信。

尊重文化差异是避免文化冲突和误解的关键。由于历史、地理等多种原因的影响，不同文化之间存在着差异。这种差异并不是障碍，而是交流和学习的宝贵资源。应该以开放的心态去接纳和理解其他文化，避免因为误解而产生冲突。同时，还要关注不同文化之间的交流与融合。在全球化的背景下，文化交流已经成为一种常态。通过文化交流，可以增进相互了解，促进文化融合。这种融合并不是文化的同质化，而是在保持各自特色的基础上，实现文化之间的和谐共生。此外，教育在培养跨文化交际能力方面发挥着至关重要的作用。应该引导学生树立正确的文化观念，增强他们的文化自信心。通过课堂学习、社会实践等多种方式，帮助学生提高跨文化交际能力，让他们能够在全球化的大潮中游刃有余。

在全球化的背景下，注重多元包容、尊重文化差异、关注文化交流与融合、培养跨文化交际能力是应该坚持的理念。只有这样，才能在全球化的大潮中保持自己的文化特色，同时吸收其他文化的精华，共同推动人类文明的进步。

第三节　中华优秀传统文化融入高校英语专业教材建设的方法

中华优秀传统文化是中华民族的精神瑰宝，其深厚的底蕴和独特的魅力对于培养具有全球视野和国际竞争力的高素质人才具有不可或缺的重要作用。为了将这一宝贵的文化资源有效融入高校英语专业教材建设中，可以采取以下具体方法。

一、挖掘中华优秀传统文化元素

深入挖掘中华优秀传统文化，探寻富有教育意义的元素，并将其融入英语专业教学中，是一项富有挑战性和意义的工作。中华文化源远流长，博大精深，其中蕴含着丰富的教育资源，对于英语专业的学生来说，这些资源不仅能够帮助他们更好地了解中华文化的独特魅力，还能丰富他们的学习内容，提高他们的语言综合运用能力。

在中华优秀传统文化中，诗词是一个不可或缺的元素。中国古代诗词，无论是唐诗、宋词还是元曲，都有着独特的韵味和艺术价值。它们不仅是文学的瑰宝，更是文化的载体，蕴含着丰富的历史、哲学、艺术等方面的知识。将这些诗词引入英语专业教学，可以帮助学生更好地理解古代文人的情感世界和创作思路，提高他们的文学素养和审美能力。此外，中华优秀传统文化中的故事也是值得挖掘的教育资源。无论是寓言故事、历史传说还是神话故事，都有着深刻的内涵和教育意义。这些故事不仅能够激发学生的学习兴趣，还能帮助他们更好地理解人生哲理和道德观念。将这些故事融入英语教学，可以让学生在轻松愉快的氛围中学习英语，同时也能提高他们的文化素养和陶冶他们的道德情操。除了诗词和故事，中华优秀传统文化中的传统节日和民间艺术也是值得关注的元素。中国的传统节日如春节、中秋节、端午节等，都有着深厚的文化内涵和独特的庆祝方式。这些节日不仅能够让学生感受到中华文化的独特魅力，还能帮助他们了解中华文化的历史渊源和传统习俗。而民间艺术如剪纸、刺绣、京剧等，更是中华文化的瑰宝，它们蕴含着丰富的艺术智慧和民族特色。将这些传统节日和民间艺术引入英语教学，可以让学生在学习语言的同时，更好地了解中华文化的多样性和丰富性。

二、结合英语专业特点设计教学内容

在编写英语专业的教材时，必须充分考虑到该专业的独特性，将中华优秀传统文化元素与英语语言知识、技能培养紧密结合。这种结合不仅有助于提升学生的英语水平，还能让他们更好地理解和传承中华文化。

将中华传统诗词的英译内容融入教材中，无疑是一个绝佳的尝试。中华传统诗词充满了韵味和意境，它们通过简练的语言、独特的意象和深刻的情感，展现了中华民族的文化底蕴。通过将这些诗词翻译成英文，学生可以在学习英文的同时，感受到中华文化的魅力。同时，翻译过程本身也是对学生英语能力的一种锻炼，他们需要准确理解诗词的含义，再将其用英文表达出来，这无疑会提升他们的英语翻译和表达能力。

设计一些与中华文化相关的主题讨论和实践活动也是非常重要的。这些活动可以让学生亲身参与，通过实际操作和亲身体验，深入了解中华文化的内涵和价值。例如，可以组织学生对一些中华传统节日进行研究，探讨它们的起源、发展和意义。或者，也可以安排学生参观一些具有历史文化价值的景点，如故宫、长城等，让他们亲身感受到中华文化的博大精深。此外，还可以在教材中引入一些中华文化的基本概念和元素，如儒家思想、道家哲学、中医理论等。这些概念和元素不仅代表了中华文化的核心价值观，也是理解中华文化的重要窗口。通过学习和讨论这些概念和元素，学生可以更深入地理解中华文化的精髓，同时也能丰富他们的英语词汇量，提升他们的英语表达能力。

三、采用多元化教学方式

在教育领域中,教材的实施一直是核心任务之一。为了使教材内容更富有活力和吸引力,必须采取多元化的教学方式。这样的教学策略不仅能够激发学生的学习兴趣和积极性,还能够使他们更全面地掌握知识,培养多元化的技能。课堂教学是最传统也是最基础的教学方式。在课堂上,教师可以通过生动的讲解、互动的讨论和丰富的案例,使学生更深入地理解教材内容。同时,教师还可以利用多媒体技术,如PPT、视频、音频等,使教学内容更加生动有趣,激发学生的学习兴趣。

随着科技的发展,在线教学逐渐成为一种重要的教学方式。在线教学具有灵活性和便捷性,可以让学生随时随地学习。通过在线教学平台,教师可以发布教学资源、布置作业、组织在线讨论等,与学生进行实时互动。此外,学生还可以利用在线教学平台自主学习,根据自己的兴趣和需求选择学习内容,提高学习效果。除了课堂教学和在线教学,实践教学也是一种重要的教学方式。实践教学可以帮助学生将理论知识与实际操作相结合,增强他们的实践能力和解决问题的能力。例如,教师可以组织学生参加实验、实习、社会实践等活动,让学生在实践中体验知识的力量,加深对知识的理解。此外,为了增强学生的中华文化认同感和自豪感,可以举办中华文化知识竞赛、文艺表演等活动。这些活动可以让学生更加深入地了解中华文化的博大精深,激发他们的爱国热情和民族自豪感。通过参与这些活动,学生可以更好地传承和弘扬中华文化,成为具有文化底蕴和自信的新时代青年。

四、注重跨文化交际能力的培养

在全球化的浪潮下,跨文化交际能力的培养已成为英语专业学生不可或缺的核心能力。这一能力的培养不仅关乎学生个人的全面发展,更是他们未来在国际舞台上展现中华文化魅力、促进国际交流与合作的关键。因此,在构建英语专业的教材体系时，必须高度重视学生跨文化交际能力的培养，让他们在与来自不同文化背景的人进行交流时，能够更加自信、得体地传达中华文化的精髓。

教材应系统地介绍跨文化交际的基本理论，帮助学生建立起对文化差异的基本认识。这包括对不同文化背景下人们的行为规范、价值观、思维模式、语言习惯等方面的深入探讨。通过这些理论知识的学习，学生能够更好地理解不同文化之间的差异，为日后的跨文化交流打下坚实的理论基础。

教材中应融入丰富的跨文化交流实践案例。这些案例可以来自真实的国际交流场景，也可以是基于假设的情景模拟。通过这些案例的学习，学生能够更加直观地感受到跨文化交际的实际操作过程，并从中学习到如何在实际交流中运用所学知识，有效地解决文化差异带来的沟通难题。

教材中还可以设置一些专项的跨文化交际技能训练模块。例如，角色扮演、情景对话、文化冲突解决等，这些训练能够帮助学生将理论知识与实践相结合，提高他们的跨文化交际能力。同时，通过不断地模拟实践，学生还能够逐渐培养出对不同文化背景的敏感性和适应性，为日后的国际交流作好充分的准备。

教材在培养学生的跨文化交际能力时，还应注重中华文化的传播。通过介绍中国的历史、文化、传统习俗等内容，让学生更加深入地了解中华文化的博大精深。同时，在教材中还可以设置一些与中华文化相关的跨文化交际内容，让学生在实践中学习如何向外国友人介绍和传播中华文化，以增强他们的文化自信和民族自豪感。

五、制定教材编写的规范和标准

教材作为教学的基础，其质量和内容的更新速度对于提高英语专业的教学质量具有至关重要的影响。因此，制定高校英语专业教材编写的规范和标准，显得尤为迫切和必要。

首先，需要明确高校英语专业教材编写的规范和标准。这包括教材的内

第六章　中华优秀传统文化融入高校英语专业教材的建设

容选择、结构安排、语言风格、图文搭配等方面。内容选择应涵盖英语语言知识、文化背景、交际技能等多个方面，确保学生全面掌握英语综合能力。结构安排要合理，要遵循学生的认知规律，从易到难、循序渐进。语言风格要地道、准确，避免中式英语的出现。图文搭配要恰当，要有助于学生更好地理解和记忆知识。

其次，需要关注教材的质量和内容的更新速度。教材的质量直接关系到学生的学习效果。因此，要严格把控教材编写的质量，确保每一本教材都符合教学要求。同时，随着社会的发展和科技的进步，英语知识也在不断更新和拓展。这就要求必须定期更新教材内容，确保学生能够接触到最新的英语知识。此外，还要注重教材与实际应用相结合，使学生能够学以致用，更好地适应社会需求。

为了实现上述目标，需要采取一系列措施。一是建立健全教材编写和审查机制，确保教材的质量和内容的更新速度。二是加强教材编写人员的培训和管理，提高他们的专业素养和编写能力。三是鼓励和支持高校与国内外知名出版社合作，共同开发高质量的英语专业教材。四是加强对学生使用教材情况的跟踪和评估，以便及时发现问题并改进。

第七章　中华优秀传统文化融入高校英语专业教学评价的多元化

将中华优秀传统文化融入高校英语专业教学评价的多元化，不仅是对传统文化的传承与弘扬，更是对现代高等教育理念的创新与发展。这一举措的实施，不仅有助于培养学生对中华优秀传统文化的认同感，提高他们的文化素养，还有利于增强他们跨文化交际的能力，使他们在全球化的时代背景下更具竞争力。同时，这也对教师提出了更高的要求和挑战，需要他们不断提高自己的专业素养和文化修养，以更好地引导学生学习和发展。

第一节　高校英语专业教学评价概述

一、教学评价

教学评价是教育过程中的重要环节，它旨在通过系统地收集、分析教学信息，对教学活动的过程和结果做出价值判断，从而为改进教学和提高教育质量提供依据。在高校英语专业中，教学评价显得尤为重要。它不仅关系学生的学习成果和综合素质的提高，还直接影响到英语专业的教学质量和国际竞争力。

随着教育理念的不断更新和教学方法的不断创新，教学评价也呈现出多元化的趋势。这种多元化主要体现在评价目的的明确性、评价方法的科学性、评价结果的反馈性、评价内容的全面性、评价方式的多样性以及评价过程的互动性等方面。通过多元化的教学评价，我们可以更全面地了解学生的学习情况和教师的教学效果，从而更好地指导教学、改进教学方法和策略。

在教学评价中，我们需要关注以下几个方面。

（一）评价的目的要明确

教学评价，作为教育过程中的重要环节，其目的远不止于简单地了解学生的学习情况。实际上，它更是为了全方位地指导教师的教学工作，促进教学方法和策略的改进，从而整体提升教学质量。因此，在进行教学评价时，我们必须清晰地认识到评价的目的，并努力确保评价结果的准确性和有效性。

教学评价是为了深入洞察学生的学习情况。这不仅包括学生的知识掌握程度，还涉及学生的学习态度、方法和兴趣等方面。通过对学生学习成果的量化与质化分析，教师能够更准确地把握学生的学习状态，为接下来的教学调整提供有力依据。例如，如果教学评价结果显示某一知识点的学生掌握率普遍偏低，教师就应该及时调整教学计划，加强对该知识点的讲解和练习。

教学评价是指导教师教学的重要工具。评价结果可以直观地反映出教师的教学效果，帮助教师识别教学中的优点和不足。这样，教师就能够根据评价结果，及时调整教学策略，优化教学方法，更好地满足学生的学习需求。同时，教学评价还能够促进教师的自我反思和激发教师成长动力，推动他们不断提升教学水平和专业素养。

此外，教学评价在提高教学质量方面发挥着关键作用。通过对教学评价数据的深入分析，学校和教育部门可以了解整个教育系统的运行状态，发现教学中存在的问题和短板，从而采取更有针对性的改革措施。这样，不仅能够提升学生的学习效果，还能够推动整个教育系统的持续发展和进步。

为了确保评价结果的准确性和有效性，我们需要建立科学、合理的教学评价体系。这一体系应该包括多样化的评价方法和工具，如问卷调查、课堂观察、学生作业分析等，以便从多个角度全面评价学生的学习情况和教师的教学效果。同时，我们还需要重视评价结果的反馈和应用，确保评价结果能够真正指导教师的教学工作，促进教学质量的提升。

（二）评价的方法要科学

教学评价是教育过程中至关重要的一环，它不仅关系到学生的学习进步和教师的教育质量，也是教育改革和发展的关键环节。为了确保评价结果的客观性和公正性，我们必须采用科学的方法来进行教学评价。

教学评价需要综合运用定量评价和定性评价。定量评价主要是通过数据、统计和量化指标来评估学生的学习成果和教师的教学效果。例如，学生的考试成绩、作业完成情况、出勤率等都可以作为定量评价的指标。而定性评价则更加注重对学生学习过程和教师教学方法的描述和分析，如学生的课堂表现、学习态度、合作能力等。只有将定量评价和定性评价相结合，才能更全面地评价学生的学习情况和教师的教学质量。

教学评价还需要注重过程评价和结果评价的结合。过程评价关注的是学生在学习过程中的表现和发展，强调对学生学习过程的支持和引导。结果评价则更侧重于学生的学习成果和最终表现。只有将过程评价和结果评价相结

第七章　中华优秀传统文化融入高校英语专业教学评价的多元化

合,才能更好地反映学生的学习进步和教师的教学效果情况。

在进行教学评价时,我们必须遵循公平、公正、公开的原则。公平意味着评价应该面向所有学生,不受任何个人或群体的偏见影响。公正则要求评价标准和过程应该客观、中立,不受任何主观因素的影响。公开则强调评价过程和结果的透明性,让所有人都能了解评价的标准和结果。为了确保评价结果的客观性和公正性,我们还可以采取一些具体的措施。例如,建立科学、合理的评价标准,明确评价的目标和要求;采用多种评价方式和方法,以减少单一评价方式带来的误差;加强评价者的培训和监督,提高其评价能力和公正性;及时公开评价结果,接受社会和学生家长的监督等。

(三)评价的结果要反馈

教学评价是教育过程中不可或缺的一环,它不仅能够提供对教学效果的客观评估,还能够为教学改进提供有力的依据。因此,及时将评价结果反馈给教师和学生至关重要。对于教师而言,评价结果的反馈可以帮助他们了解自己在教学方法、教学内容、课堂管理等方面的优势和不足,从而有针对性地进行教学改进。这种反思和改进的过程,不仅能够提升教师的教学水平,还能够更好地满足学生的学习需求,提高教学效果。对于学生而言,评价结果的反馈同样具有重要意义。通过了解自己的学习成绩和学习表现,学生可以认识到自己的优点和缺点,进而调整学习策略,提高学习效率。同时,学生还能够根据评价结果向教师提出自己的意见和建议,帮助教师更好地了解自己的学习需求和学习困难,从而得到更加个性化的教学指导。

除了及时反馈评价结果外,还需要根据评价结果进行教学反思和改进。这包括分析评价结果的原因、制定改进措施、实施改进计划等步骤。通过教学反思和改进,可以不断完善教学方法和教学内容,提高教学质量,为学生的学习提供更好的支持和保障。

(四)评价的内容要全面

除了学科知识外,在评价过程中还要关注学生的情感态度、学习策略、创新能力等方面的发展。在当前的教育体系中，对于学生的评价已经不再是单一的学科知识测试。我们逐渐认识到，学生的情感态度、学习策略以及创新能力等方面的发展同样至关重要。这些非认知因素不仅影响着学生的学术表现，更在某种程度上决定了他们未来的职业发展和人生轨迹。

情感态度是指学生在学习过程中展现出的积极或消极的情感倾向。一个拥有积极情感态度的学生，会更加热爱学习，乐于探索新知识，面对困难时也能保持坚韧不拔的精神。相反，消极的情感态度则可能导致学生对学习失去兴趣，甚至产生厌学情绪。因此，在评价学生时，我们需要关注他们的情感态度，鼓励他们保持积极向上的心态，及时帮助他们调整消极情绪。

学习策略是学生在学习过程中采用的方法和技巧。一个拥有良好学习策略的学生，能够更高效地学习，更准确地掌握知识点。在评价学生时，我们要关注他们的学习策略是否科学、合理，是否适合自己的学习特点和需求。同时，我们还要引导学生不断尝试新的学习策略，帮助他们找到最适合自己的学习方法。

创新能力是指学生在面对问题时能够提出新颖、独特的解决方案。在当前这个快速发展的时代，创新能力已经成为衡量一个人综合素质的重要标准。在评价学生时，我们要关注他们是否具备创新意识，是否能够独立思考、解决问题。同时，我们还要积极为学生提供创新实践的机会，让他们在实践中锻炼自己的创新能力。

（五）评价的方式要多样

除了传统的笔试、口试等方式外，还可以采用课堂观察、作品展示、自我评价等多种方式进行评价。多样化的评价方式能够更好地反映学生的综合能力和学习特点，同时也更能激发学生的学习兴趣和动力。传统的笔试和口试虽然能够评估学生对学科知识的掌握程度，但它们很难全面反映学生的能力和素质。因此，我们需要采用更多的评价方式，以更全面、更准确地了解学生的学习情况。

第七章　中华优秀传统文化融入高校英语专业教学评价的多元化

1.课堂观察：深入洞察学生学习状态的重要方式

在教育领域中，评价方式的选择与实施对于教学效果的提升具有至关重要的影响。其中，课堂观察作为一种直接而深入的评价方式，受到了广大教育工作者的青睐。通过细致入微的观察，教师可以全面把握学生在课堂上的表现，从而深入了解学生的学习态度、参与度、合作能力等多方面的情况。

具体而言，课堂观察不仅能够捕捉到学生是否积极参与课堂互动，是否能够独立思考并发表见解，还能够洞察学生在小组合作中的表现。这些细节的观察有助于教师及时发现学生的学习困难和问题，从而为他们提供更有针对性的教学指导。例如，当发现某个学生在课堂上表现出消极的态度时，教师可以及时与其沟通，了解背后的原因，并提供相应的帮助和支持。

2.作品展示：激发学生创造力与自信心的有效途径

除了课堂观察外，作品展示也是一种极具实效性的评价方式。通过将自己的学习成果以作品的形式呈现出来，学生可以充分展示自己的创造力和才能。这种评价方式不仅能够激发学生的学习兴趣和动力，还能够培养他们的表达能力和自信心。在实际操作中，教师可以根据学科特点和学生实际情况，设计多样化的作品展示形式。

3.自我评价：帮助学生自我认知与提升的重要工具

自我评价作为一种评价方式，同样具有不可忽视的价值。通过自我评价，学生可以更加深入地了解自己的优点和不足，从而制订更合适的学习计划和目标。这种评价方式有助于培养学生的自我意识和自我管理能力，让他们在学习过程中更加主动和自主。

为了引导学生进行有效的自我评价，教师可以设计具体的评价标准和指导性问题。例如，在评价自己的学习效果时，学生可以思考以下问题：我在哪些方面取得了进步？我在哪些方面还存在困难？我该如何调整自己的学习策略以取得更好的成绩？通过这些问题，学生可以更加全面地审视自己的学习状态，并制订出更具针对性的学习计划。

除了以上几种评价方式外，小组讨论、实践活动、调查研究等多种方式也能够为学生提供更加全面而深入的评价。这些评价方式不仅能够让学生在多样化的学习活动中充分展示自己的才能和特长，还能够帮助教师更全面地了解学生的学习情况和需求。例如，在小组讨论中，教师可以观察学生在团队合作中的表现，了解他们的沟通能力、领导力和协作精神；在实践活动中，教师可以评估学生的动手能力和解决问题的能力；在调查研究中，教师可以考查学生的研究能力和批判性思维。这些多元化的评价方式有助于形成更加全面而客观的学生评价报告，为教师的教学调整和学生的个人发展提供有力支持。

（六）评价的过程要互动

在教育教学的过程中，评价是一个至关重要的环节。传统的评价模式往往是由教师单方面进行，学生只是被动地接受评价。然而，现代教育理念强调，评价应该是一个双向的过程，教师和学生都需要积极参与其中，形成良好的师生互动和评价氛围，以促进教学的共同提升。

学生参与评价过程有助于提升他们的学习动力和自我认知。当学生有机会对自己的学习进行评价时，他们会更加关注自己的学习进程，更加积极地参与课堂讨论和活动。同时，通过自我评价和同学互评，学生可以更加清晰地认识到自己的优点和不足，从而有针对性地改进自己的学习方法。这种自我反思和自我提升的过程，无疑会对学生的学习产生积极的影响。

教师参与评价过程有助于提升教学质量和效果。教师可以通过学生的反馈和评价，了解学生的学习需求和困难，从而调整教学策略和方法，更加有针对性地进行教学。同时，教师的评价也可以帮助学生发现自己的潜力和优势，激发他们的学习兴趣和动力。

教师和学生共同参与评价过程是现代教育理念的重要体现。通过形成良好的师生互动和评价氛围，我们可以促进教学的共同提升，实现教育教学的最终目标。因此，我们应该在实践中不断探索和完善这种评价模式，为培养更多优秀的人才作出积极的贡献。

二、高校英语专业教学评价的必要性

语言与文化是密不可分的，脱离文化去评价语言教学是不现实的。文化教学与评价必须相结合，以确保文化教学在整个教学过程中得到应有的地位。作为英语专业教学的主要目标和内容之一，文化在测试评估中应该得到充分体现。这样，我们才能督促教师和学生关注文化能力的培养，才能对整个教学过程和教学结果作出正确、全面的评价。在未来的英语专业教学中，我们应继续深化和完善教学评价体系，以更好地服务于教学目标的实现和学生全面发展的需求。

（一）传承与弘扬传统文化

在全球化日益深入的今天，我们面临着外来文化冲击和本土文化传承的双重挑战。高校作为文化传承与创新的重要阵地，肩负着培养具有全球视野和本土情怀的新一代的使命。在这一背景下，将中华优秀传统文化融入高校英语专业教学评价中，不仅是对传统文化的尊重与传承，更是对青年学生精神世界的丰富与提升。

将中华优秀传统文化融入高校英语专业教学评价，有助于增强学生的文化自信和民族自豪感。在全球文化交融的大潮中，保持对自身文化的认同和自信，是每个民族和国家安身立命之本。通过学习中华优秀传统文化，学生可以更加深刻地理解中华文化的独特魅力和深厚底蕴，从而增强对自身文化的自豪感和自信心。这种文化自信将激励他们更加积极地参与国际文化交流与合作，为中华文化的传播作出贡献。

融入中华优秀传统文化的教学评价，有利于培养学生的爱国情感和民族精神。爱国主义是中华民族精神的核心，是中华民族生生不息、发展壮大的强大精神支柱。通过学习中华优秀传统文化，学生可以更加深刻地理解中华民族的伟大历史和民族精神，从而激发他们的爱国情感和民族责任感。这种爱国情感和民族精神将激励他们为国家的繁荣富强而努力学习、奋斗。

将中华优秀传统文化融入高校英语专业教学评价，也是对传统文化的一种有效传承和弘扬。随着时代的变迁和社会的发展，一些传统文化元素可能逐渐淡化甚至消失。高校作为文化传承的重要场所，有责任和义务将这些优秀传统文化元素传承下去。将中华优秀传统文化融入教学评价中，可以使学生更加深入地了解和学习传统文化，从而保持文化的多样性和丰富性。

（二）提高学生文化素养和跨文化交际能力

将中华优秀传统文化融入教学评价，对于提高学生的文化素养和跨文化交际能力具有深远的意义。这种融合不仅有助于学生在学术上取得更好的成绩，更能够培养他们的综合素质，使他们在全球化的背景下更具竞争力。

将中华优秀传统文化融入教学评价，可以帮助学生更深入地了解中国的历史、文化、价值观等。通过学习中华优秀传统文化，学生可以了解到中国古代的哲学思想、道德规范、艺术风格等，从而更加全面地认识自己的文化根源。这种深入了解不仅有助于提高学生的文化素养，更能够培养他们的文化自信心和民族自豪感。

中华优秀传统文化的学习也有助于培养学生的跨文化交际能力。在全球化的今天，与不同文化背景的人进行交流已经成为日常生活中不可或缺的一部分。通过学习中华优秀传统文化，学生可以更好地理解其他文化，更加自信、得体地与不同文化背景的人进行交流。这种跨文化交际能力不仅有助于学生在国际交流中脱颖而出，更能够为他们未来的职业发展打下坚实的基础。

此外，将中华优秀传统文化融入教学评价还能够促进学生的全面发展。学习中华优秀传统文化不仅可以提高学生的文化素养和跨文化交际能力，更能够培养他们的道德素质、审美情趣、创新能力等。这种全面发展不仅能够使学生在学术上取得更好的成绩，更能够为他们的人生道路铺设坚实的基石。

第七章　中华优秀传统文化融入高校英语专业教学评价的多元化

（三）培养创新精神和实践能力

在融入中华优秀传统文化的教学评价中，我们不仅要注重学生对传统文化的理解和传承，更要激发他们的创新精神和实践能力。这样的教学评价模式不仅有助于提升学生的综合素质和竞争力，更能培养出一批既有文化底蕴又具备现代创新精神的新时代人才。为了培养学生的创新精神，我们可以引导学生参与文化实践活动。比如，组织学生进行传统手工艺制作、书法绘画、诗词创作等，让他们在亲身实践中感受中华优秀传统文化的魅力，从而激发他们对传统文化的兴趣和创新欲望。此外，我们还可以鼓励学生参与传统文化节日活动的策划和组织，让他们在亲身参与中深入理解和体验传统节日的文化内涵，同时也锻炼他们的组织能力和创新意识。

在培养学生实践能力方面，我们可以通过项目式学习、探究式学习等方式，让学生主动参与到文化传承和创新中去。例如，可以让学生开展以传统文化为主题的社会调查、文化考察等活动，通过实地走访、亲身体验，深入了解传统文化的历史渊源、发展现状和未来趋势。这样的学习方式不仅能让学生更加深入地理解传统文化，还能培养他们的实践能力和社会责任感。同时，为了更有效地激发学生的创新精神和实践能力，我们还可以在教学评价中引入多元化的评价方式和标准。除了传统的笔试和课堂表现评价外，还可以增加实践成果展示、创新项目汇报等评价方式，让学生有更多机会展示自己的创新成果和实践能力。此外，我们还可以建立激励机制，对在文化传承和创新方面表现突出的学生进行表彰和奖励，从而激发更多学生的创新热情和实践动力。

（四）提高英语教师专业素养和文化修养

在全球化的今天，文化交流与融合已成为不可逆转的趋势。作为中华文化的传承者，我们有责任和义务将中华优秀传统文化融入高校教育，特别是在英语专业的教学评价中。这不仅能够加深学生对中华文化的理解，还能够促进他们的全面发展。而要实现这一目标，教师需要不断提升自己的专业素养和文化修养。

了解中华优秀传统文化的内涵和特点至关重要。中华优秀传统文化是中华民族在长期历史发展中形成的，具有深厚的历史底蕴和独特的文化魅力。它涵盖了诗词歌赋、书法绘画、哲学思想、道德规范等多个方面，体现了中华民族的精神追求和审美情趣。因此，教师需要深入研究这些文化元素，理解其背后的精神内涵，以便更好地传授给学生。

掌握相关的教学方法和策略是实施将中华优秀传统文化融入教学评价的关键。在教学过程中，教师需要灵活运用多种教学方法，如课堂讲解、小组讨论、案例分析等，激发学生的学习兴趣和积极性。同时，教师还应注重培养学生的批判性思维和创新精神，引导他们主动探索中华文化的奥秘。此外，为了更好地引导学生学习和发展，教师还需要关注学生的个性差异和学习需求。每个学生都是独一无二的个体，他们有着不同的文化背景和学习经历。因此，教师在教学设计时需要充分考虑这些因素，为每个学生量身定制合适的学习方案，以满足他们的个性化需求。

实施将中华优秀传统文化融入高校英语专业教学评价的多元化举措需要教师的不断努力。这不仅是一个长期的过程，也是一个不断探索和实践的过程。在这个过程中，教师需要不断反思自己的教学实践，总结经验教训，不断完善自己的教学方法和策略。同时，教师之间也需要加强交流与合作，共同推动中华优秀传统文化在高校英语专业教学评价中的融入与发展。

展望未来，我们可以进一步探索如何将中华优秀传统文化更好地融入高校英语专业教学评价中。例如可以加强课程设置和教学内容的改革与创新；可以进一步完善教学评价体系和方法以适应新的教育理念和发展需求；还可以加强与国际教育界的交流与合作以推动中华优秀传统文化的国际化传播等。相信通过这些努力我们一定能够培养出更多具有深厚文化底蕴和跨文化交际能力的高素质英语专业人才，为我国的发展和国际交流作出更大的贡献。

第二节　中华优秀传统文化融入高校英语专业教学评价的原则

一、尊重与传承文化的核心价值原则

在高校英语教学评价中，尊重与传承文化的核心价值原则具有举足轻重的地位。这不仅体现在教学内容的选择上，也贯穿于教学方法和评价机制的设计与实施中。

尊重文化多样性是高校英语教学评价的基本原则之一。在全球化的今天，学生接触到的英语材料和信息来源广泛，其中不可避免地包含了各种各样的文化背景和价值观念。这就要求我们在教学评价中，不仅要关注学生的语言技能掌握情况，更要尊重并引导他们正确理解和接受不同的文化背景和价值观，培养他们成为具有国际视野和跨文化交流能力的复合型人才。

传承文化也是高校英语教学评价不可忽视的任务。英语作为一门国际通用语言，不仅是沟通的工具，也是文化传承的载体。在高校英语教学评价中，我们应该注重挖掘英语教材中的文化内涵，引导学生通过学习英语来了解和传承本国和其他国家的优秀文化。这不仅有助于提高学生的语言综合运用能力，也有助于培养他们的文化自觉和文化自信。

为了实现这些目标，高校英语教学评价应该采取多种措施。一方面，我们可以引入多元化的评价方式和手段，如小组讨论、角色扮演、文化体验等，让学生在真实的语境中运用英语进行交流和表达，从而培养他们的跨文化交流能力。另一方面，我们也可以将文化元素融入教学评价中，如设置文化主题的任务或项目，让学生在完成任务的过程中深入了解和体验不同的文化。

在高校英语教学评价中遵循尊重与传承文化的核心价值原则，不仅有助于提高学生的语言综合运用能力，也有助于培养他们的跨文化交流能力和文化自觉。这将是我们在全球化背景下培养具有国际视野和跨文化交流能力人才的重要途径。

二、融入性原则

融入性原则，作为现代教育理念的重要一环，强调在英语专业教学中自然、和谐地融入中华优秀文化。这一原则不仅体现了对传统文化的尊重与传承，也促进了英语教学与本土文化的有机结合，对于提升教学质量、培养学生的跨文化交际能力具有重要意义。

在课程设计上，融入性原则要求教育者充分考虑中华文化的元素，将其融入教学主题和内容中。具体而言，可以在课程设计中增加关于中国传统节日、历史典故、民俗风情等主题的课程单元，让学生在学习英语的同时，了解中华文化的丰富内涵。此外，还可以结合中国特有的文化现象，如中医、书法、茶艺等，设计具有中华文化特色的英语课程，使学生在学习中感受中华文化的独特魅力。

在教学方法上，融入性原则要求教育者灵活运用各种教学手段，让学生在实践中感受和学习中华文化的魅力。例如，通过角色扮演的方式，让学生在模拟的情境中体验中国传统文化中的礼仪、习俗等；通过情景模拟的方式，让学生在模拟的商务场景中学习中华文化的商务礼仪和沟通技巧。这些教学方法不仅有助于提高学生的英语应用能力，还能让学生在实践中深入了解中华文化的精髓。

在教材选用上，融入性原则强调选用具有中华文化特色的英语教材。这些教材不仅包含了丰富的语言知识，还融入了中华文化的元素，使学生在语言学习的同时，了解中华文化的历史、哲学、艺术等方面。通过选用这样的教材，不仅可以增强学生的文化自信，还能帮助学生更好地理解和欣赏中华文化的独特之处。

第七章　中华优秀传统文化融入高校英语专业教学评价的多元化

三、创新性原则

随着全球化的不断深入，跨文化交际能力已成为现代人才必备的核心素养之一。在这一背景下，高校英语专业教学评价不仅要关注学生的语言技能，更要注重培养学生的创新能力和跨文化交际能力。创新性原则强调在融入中华优秀文化的过程中，注重教学创新，以提高学生的综合素质和竞争力。

创新性原则要求高校英语专业教学评价要关注教师在教学中的创新实践。在传承中华文化的基础上，教师应该积极探索新的教学方法、手段和内容，以激发学生的学习兴趣和潜能。例如，可以引入多元化的教学手段，如多媒体教学、网络教学、实践教学等，以提高学生的参与度和学习效果。同时，教师还可以结合中华文化的特点，设计具有创新性的教学内容，如开设中华文化主题课程、举办文化体验活动等，以增强学生的文化素养和跨文化意识。

四、实用性原则

为了更好地传承和弘扬中华文化，将中华优秀文化融入高校英语专业教学评价显得尤为重要。而要实现这一目标，我们必须遵循实用性原则，确保中华优秀文化在教学评价中的有效融入，提高教学质量和效果。

教学内容的选择应遵循实用性原则。在选择教学内容时，我们应充分考虑学生的实际需求，选择与学生日常生活、未来职业发展密切相关的中华优秀文化内容。例如，可以引入中国传统节日、民俗风情、名人故事等元素，让学生了解中华文化的深厚底蕴和独特魅力。同时，我们还可以结合当前社会热点和时事，探讨中华文化在现代社会中的应用和价值，增强学生对中华文化的认同感和自豪感。

教学方法的运用也应遵循实用性原则。在教学过程中，我们应采用易于操作和推广的教学方法，如案例教学、情景模拟、角色扮演等，让学生在实践中感受中华文化的魅力。此外，我们还可以利用现代科技手段，如多媒体教学、网络教学等，丰富教学手段，提高教学效果。

评价标准的制定也应遵循实用性原则。在制定评价标准时，我们应确保标准具有明确性和可操作性，能够真实反映学生的学习成果和水平。同时，我们还应注重评价标准的多样性和灵活性，以适应不同学生的学习需求和特点。

遵循实用性原则，将中华优秀文化融入高校英语专业教学评价，不仅可以提高教学质量和效果，还可以培养学生的跨文化交际能力，增强他们的国际竞争力。因此，我们应积极探索和实践实用性原则在教学评价中的应用，为培养更多具有国际视野和文化自信的英语专业人才作出贡献。

第三节　中华优秀传统文化融入高校英语专业教学的多元化评价

中华优秀传统文化融入高校英语专业教学的多元化评价，已成为教育改革的一大亮点。这一模式的提出，不仅有助于深化英语专业学生对于中华文化的理解和认同，同时也为他们在国际舞台上展示和传播中华文化提供了有力的支撑。

一、中华优秀传统文化融入高校英语专业教学多元化评价的内容

评价什么就教什么，教什么就评价什么，这一原则在教育教学领域已经深入人心，特别是在文化教学评价中更是不可或缺。文化，作为人类社会的精神支柱和文明传承的载体，其教学内容与评价方式的准确性至关重要。

谈及文化，我们不能不提及法国学者Valette的观点。在1986年，他将文

第七章　中华优秀传统文化融入高校英语专业教学评价的多元化

化划分为两大主要部分：人类文化或社会文化，以及文明史。人类文化涵盖了民族的态度、习俗、日常行为、思维方式和价值观等，这些都是构成民族特色的核心要素。而文明史则包括了地理、历史、科学成就、社会科学和艺术等方面，它为人类文化提供了背景和框架。

在中国，吕必松、赵贤洲、张占一等学者则主张将外语教学中的文化教学内容分为交际文化和知识文化两类。交际文化是指那些直接影响不同文化背景的人进行交际的语言和非语言的文化因素，如礼仪、习俗等。而知识文化则是指那些不直接影响交际准确性的文化因素，如历史、地理等。这种分类方式有助于我们更清晰地认识和理解文化在外语教学中的重要性。

尽管中外学者对文化的划分标准各异，但他们的核心内容是基本一致的。这些观点对于英语文化的教学与评价具有积极的指导作用。在实际教学中，我们应该根据评价的内容来安排教学，确保教授的内容与评价的标准相一致。同时，我们还应关注文化教学的多元性和层次性，以帮助学生更好地理解和适应不同的文化环境。

评价什么就教什么，教什么就评价什么，这一原则在文化教学评价中具有举足轻重的地位。我们应该充分借鉴中外学者的观点，结合实际情况，不断完善和优化文化教学的内容与评价方式，以提高学生的跨文化交际能力。

将中华优秀传统文化融入高校英语专业教学多元化评价的内容，是一个富有深度和挑战性的议题。这不仅涉及教学内容的更新和改革，更涉及如何有效地将传统文化与现代教学评价体系相结合，以实现教学目标的多元化和全面化。

首先，中华优秀传统文化的内容丰富多样，涵盖了诗词歌赋、书法绘画、传统音乐、舞蹈戏剧等多个方面。在高校英语专业教学中，我们可以选取具有代表性的文化元素，如经典的古代诗词、名人名言、传统节日等，将其融入教学内容中，帮助学生了解传统文化的内涵和魅力。同时，还可以通过课堂讲解、小组讨论、角色扮演等多种形式，引导学生主动探究和思考传统文化的深层含义。

其次，在构建多元化评价体系时，我们应该注重评价内容的全面性和评价方式的多样性。除了传统的笔试和口试外，还可以引入课堂表现、小组讨论、项目报告等多种评价方式，以全面评估学生的英语水平和文化素养。同时，在评价过程中，我们还应该注重学生的个体差异和特长发展，鼓励学生在自己擅长的领域进行深入探究和创新实践。

最后，将中华优秀传统文化融入高校英语专业教学多元化评价的实践，需要教师和学生共同参与和推动。教师应该不断更新自己的教学理念和方法，积极引导学生参与到教学评价中来，发挥学生的主体性和创造性。学生也应该认真对待每一次评价和反馈，不断提升自己的英语水平和文化素养。

总之，将中华优秀传统文化融入高校英语专业教学多元化评价的内容，是一个长期而复杂的过程。只有通过不断的探索和实践，才能找到最适合自己的教学方法和评价体系，培养出既具备英语水平又具备文化素养的高素质人才。

二、中华优秀传统文化融入高校英语专业教学多元化评价的方法

文化，作为人类社会的灵魂和精髓，其内涵丰富多样，涉及语言、艺术、信仰、习俗、法律、知识等多个方面。然而，如何全面、科学地评价文化，却是一个复杂而困难的问题。文化评价的标准往往难以确定，这主要是因为文化具有很强的主观性和体验性，正如Kramsch所指出的，一旦涉及文化，测试与评价的客观性几乎不可能实现。

在国际范围内，文化评价的问题也备受争议。传统的目标型测试，如笔试，往往侧重于文化知识的具体元素和文化事实，却忽视了"跨文化交际能力主要由在某一陌生文化情景中所表现出来的恰当态度和行为组成"的实际。这种测试方式过于注重知识的记忆，而忽略了文化理解和应用的能力。此外，英语专业教学面临着课时有限的问题，要全面兼顾语言、文化教学与评价并不现实。因此，我们需要寻找一种更为科学、有效的文化评价方式。在这种情况下，形成性、行为性并兼具认知性的评价方式显得尤为重要。形成性评价强调过程而非结果，关注学生在学习过程中的表现和发展。行为性评价侧重于学生在真实或模拟的文化情景中的表现，评估他们的跨文化交际能力和文化适应性。认知性评价则关注学生对文化知识的理解和应用能力。

第七章　中华优秀传统文化融入高校英语专业教学评价的多元化

这种综合性的评价方式能够更全面地评估学生的文化能力，既注重知识的积累，又关注实际应用。同时，它还能够根据学生的个体差异和学习需求进行灵活调整，使评价更加公平、有效。

文化评价是一个复杂而重要的问题。面对挑战，我们需要不断探索和实践，寻找更为科学、有效的评价方式。

形成性评价，亦被称为过程性评价，是一种专注于学生学习结果与教师教学效果的评价方式。它不仅关注学生的学习成果，还着眼于学生的学习过程和教师的教学过程，旨在发现每个学生的学习潜能，推动他们的学习进步，并为教师提供及时的反馈，帮助他们随时调整教学内容和方法，从而提高教学效率。形成性评价在英语专业文化评价中的引入，是对传统评价方式的一种重要补充。这种评价方式强调学生的参与，鼓励他们在学习过程中积极反思和自我评价，从而增强他们的学习动力和学习效果。同时，形成性评价还注重对学生认知、心理和行为多个层面的综合评价，这有助于教师更全面地了解学生的学习状况，为他们提供更有针对性的教学指导。

在英语专业文化教学中，形成性评价的应用具有显著的优势。首先，它有助于教学目标的全面落实。通过对学生学习过程的持续关注和评价，教师可以确保学生在知识、技能和态度等方面都能达到教学目标的要求。其次，形成性评价有利于提高学生跨文化交际能力。在评价过程中，教师可以引导学生关注不同文化之间的差异，培养他们的跨文化意识，提升他们的跨文化交际能力。在实际应用中，教师可以采用多种方式来实施形成性评价。例如，他们可以设计一些具有启发性的课堂活动，让学生在参与过程中展示自己的学习成果；他们还可以采用同伴评价、自我评价等方式，让学生对自己的学习过程进行反思和总结。此外，教师还可以利用现代技术手段，如在线学习平台、学习管理系统等，来记录学生的学习过程，为形成性评价提供丰富的数据支持。

形成性评价在英语专业文化评价中的应用，对于提高教学效果和促进学生的全面发展具有重要意义。它不仅能够帮助教师更全面地了解学生的学习状况，提供有针对性的教学指导，还能够激发学生的学习兴趣和动力，提高他们的跨文化交际能力。因此，我们应该在英语专业文化教学中积极引入形成性评价，充分发挥其优势，为培养具有国际视野和跨文化交际能力的人才作出贡献。

形成性评价在英语专业文化评价中的应用，具体可采用如下操作方法：

（一）课堂评价

课堂，作为学生学习的主要场所，不仅是知识的传递地，更是文化形成性评价的核心阵地。在这个特殊的环境中，评价不再仅仅局限于传统的测试性评价，而是融合了更多元化、动态化的评价方式，以全面反映学生的学习情况和教师的教学效果。

我们要明确的是，课堂文化的形成性评价不仅仅是为了评判学生的学习成果，更是为了促进学生的自我发展和文化理解。在这个过程中，学生的自我评价和相互评价显得尤为重要。通过自我评价，学生可以更加清晰地认识自己的优点和不足，明确自己的学习目标；而相互评价则能帮助学生从他人的视角看待自己，获得更加客观、全面的反馈。

此外，教师的评价也是不可或缺的一环。教师不仅要对学生的学习成果进行评价，还要对学生的学习过程、学习态度、学习方法等进行全面的评价。这种评价方式不仅可以帮助学生了解自己的学习状况，还可以激发学生的学习积极性，培养他们的自主学习能力和合作精神。

在实施文化形成性评价时，我们不仅要运用测试性评价，还要大量运用非测试性评价。例如，通过课堂观察，教师可以直观地了解学生的学习状态和学习效果；提问和抢答可以检验学生对知识的掌握程度和应用能力；小组讨论和辩论则可以培养学生的思辨能力和沟通能力。这些非测试性评价方式不仅可以丰富评价手段，还可以提高评价的准确性和有效性。

在评价过程中，师生双方都需要对文化教学和学习情况进行反思。学生需要反思自己的学习方法和学习效果，制订新的学习计划；教师则需要反思自己的教学方法和教学效果，不断改进自己的教学计划。这种反思和改进的过程不仅有助于提高学生的学习成绩，还有助于促进教师的专业成长和教学质量的提升。

课堂文化形成性评价是一个多元化、动态化的过程。在这个过程中，我们需要综合运用各种评价方式，注重学生的自我评价和相互评价，同时充分

第七章　中华优秀传统文化融入高校英语专业教学评价的多元化

发挥教师的引导作用。只有这样，我们才能更好地促进学生的全面发展，培养他们的文化素养和综合素质。

（二）问卷调查及面谈

为了更好地指导学生，教师需要不断地评估学生的学习进度和表现。为此，定期的问卷调查和面谈的方式成为一种有效的手段。通过这两种方式，教师可以及时了解学生文化知识掌握的程度，以及他们的情感态度和文化行为发展情况。

通过问卷调查，教师可以收集到大量关于学生学习情况的数据。问卷可以设计得既详细又全面，涵盖学生的知识掌握、学习态度、兴趣偏好等多个方面。这样，教师就能够根据学生的实际情况，调整教学内容、进度和方法。例如，如果发现学生在某个知识点上存在普遍的困难，教师可以增加该知识点的讲解时间和练习题量，帮助学生更好地掌握。

面谈也是一种非常重要的评估方式。通过面对面的交流，教师可以更加深入地了解学生的内心世界和学习情况。在面谈中，教师可以询问学生的学习感受、遇到的困难以及对教学内容的建议等。这样，教师就能够更加准确地把握学生的学习需求，为他们提供更加个性化的指导。

定期地使用问卷调查和面谈的方式对于教师来说具有非常重要的意义。通过这种方式，教师可以及时了解学生的学习情况，调整教学内容、进度和方法，为学生提供更加个性化的指导。同时，这也有助于教师发现和解决潜在的教学问题，提高教学质量。因此，我们应该充分利用这两种方式，不断完善教育评估体系，为学生的全面发展提供有力支持。

（三）建立文化学习档案袋

随着现代教育理念的深入人心，以学生为中心、以建构主义学习理论为基础的教学方法逐渐成为主流。在这样的背景下，档案袋评价作为一种综合的、人性化的评价方法，正逐渐受到广大教育工作者的关注。档案袋评价不仅有助于客观、形象地反映学生在英语文化学习方面的进步、成就及其存在的问题，还能增强学生的自信心,培养其自我评价、自我反思的能力和自我教育的习惯。档案袋评价的核心在于大量材料的收集和学生本人对材料的反思。这些材料可以包括学生的作业、测试成绩、课堂表现、学习心得、项目作品等,它们共同构成了学生英语文化学习的全貌。通过对这些材料的整理和分析,学生可以更加清晰地认识到自己的优点和不足,从而有针对性地进行改进。

档案袋评价的实施过程可分为学期开始、学期期间和学期结束三个步骤。在学期开始时,师生需要共同商定档案袋的内容、作业形式、评价标准、时间计划等。这一过程充分体现了学生的主体地位和教师的主导作用,有助于激发学生的学习积极性和提高其参与度。在学期期间,学生需要按计划逐一完成任务,教师则给予针对性的指导。这一阶段的重点在于培养学生的自主学习能力和合作精神,让他们在英语文化学习的过程中不断积累经验和知识。当学期结束时,教师需要发放评价表给学生,让他们进行自评和互评。这一环节不仅有助于培养学生的批判性思维和评价能力,还能让他们更加深入地了解自己的学习状况。最后,教师会进行终评,对学生的英语文化学习成果进行全面的分析和总结。

档案袋评价不仅在英语文化学习领域具有广泛的应用价值,还能为其他学科的学习提供有益的借鉴。实施档案袋评价,可以更加全面地了解学生的学习状况和发展需求,从而为他们提供更加个性化的教学支持和服务。档案袋评价作为一种新型的评价方法,在英语文化学习中具有独特的优势和价值。它不仅有助于客观、形象地反映学生的学习成果和进步,还能培养学生的自我评价、自我反思能力和自我教育的习惯。因此,我们应该积极探索和实践档案袋评价在英语文化学习中的应用,为学生的全面发展提供有力的支持。

为了实现文化教学的目标,外语教师需要采取科学、有效的评价方法。这包括制定明确的教学目标和评估标准,采用多种教学方法和手段,如课堂讲解、角色扮演、文化体验等,以激发学生的学习兴趣和积极性。同时,教师还需要关注学生的反馈和需求,及时调整教学策略,确保教学效果的不断提高。通过加强文化教学,外语教师可以帮助学生更好地理解和运用英语,提高他们的跨文化交际能力,为国家培养出更多符合时代要求的新型人才。在未来的英语教学中,我们应更加注重文化教学,不断探索和创新教学方法和手段,以满足社会对人才的多元化需求。

第八章　中华优秀传统文化视野下高校英语专业教师的素养发展

在中华优秀传统文化的视野下,高校英语专业教师的素养发展显得尤为重要。这不仅仅是因为他们承载着传授英语知识的使命,更因为他们需要成为中华文化的传播者和弘扬者。高校英语专业教师需具备深厚的中华文化底蕴。他们应熟悉中华优秀传统文化的精髓,如儒家思想、道家哲学、诗词歌赋等,并能将这些文化与英语教学相结合,让学生在学习语言的同时,也能领略到中华文化的博大精深。本章具体分析中华优秀传统文化视野下高校英语专业教师的素养发展。

第一节 高校英语专业教师的发展理念

一、高校英语专业教师的发展诉求

随着全球化进程的加速和我国教育改革的不断深化,高校英语专业教师专业发展的重要性日益凸显。高校英语专业教师专业发展不仅关乎学生的语言学习成效,更关乎我国英语教学事业的繁荣与昌盛。下面将从以下几个方面探讨高校英语专业教师专业发展的内涵。

(一)专业素质的提高

高校英语专业教师专业发展应首先关注教师自身的素质提高。这包括教师的教育教学理念、专业知识、教学技能、跨文化交际能力等方面。教师应具备先进的教育教学理念,明确英语教学的目标,关注学生的全面发展。同时,教师应不断更新专业知识,关注英语教学的新动态,提高自身的学术水平。此外,教师还需具备丰富的教学经验和良好的教学技能,如组织课堂教学、指导学生学习、评估学生的学习成果等;具备跨文化交际能力,能够有效地与不同文化背景的学生进行沟通与交流,提高学生的跨文化交际能力。

(二)教育教学方法的改进

教育教学方法的改进是高校英语专业教师专业发展的关键。教师应运用现代教育技术,如多媒体、网络资源等,丰富教学手段,提高教学效果。同时,教师还应注重课堂教学的互动性和启发性,激发学生的学习兴趣。此外,教师还应注重学生的个性化发展,关注学生的特长和兴趣,为学生的全面发展提供支持。

第八章　中华优秀传统文化视野下高校英语专业教师的素养发展

（三）专业发展的持续性

高校英语专业教师专业发展应注重持续性。教师应树立终身学习的理念，不断更新知识、提高技能，适应英语教学的发展。同时，教师还应关注自身的心理调适，保持积极的心态，提高应对压力的能力。此外，教师还应注重与同行教师的交流与合作，分享教学经验和心得，共同提高专业水平。

（四）社会认可度的提升

高校英语专业教师专业发展应关注教师的社会认可度。教师应积极参与社会公益活动，提高自身的社会影响力。同时，教师还应关注英语教学在社会中的地位和作用，为英语教学的发展贡献自己的力量。此外，教师还应关注国家政策，了解英语教学的发展方向，为自己的专业发展制定明确的目标和规划。

总之，高校英语专业教师专业发展是提高英语教学质量、促进我国英语教学事业繁荣发展的关键。教师应关注自身的专业素质、教育教学方法、专业发展的持续性以及社会认可度，努力提高自己的专业水平，为我国英语教学事业的发展作出更大的贡献。

二、高校英语专业教师发展理念的表现

高校英语专业教师发展的理念是一个多维度、综合性的概念，它涵盖了教师个人成长、教育教学能力提升、学科研究发展以及团队合作与交流等多个方面。这一理念强调教师的全面发展，旨在提高教师的专业素养和教学水平，以更好地满足学生的学习需求和社会的发展要求。

（一）注重教师的个人成长

高校英语专业教师发展无疑是教育领域中至关重要的一个环节，其中，

教师的个人成长是不可或缺的一部分。作为一名个体，每位教师都需要不断学习和进修，以此来提升自己的英语语言能力、教学技能和学科知识。这种持续的个人成长不仅有助于教师个人的职业发展，更能为教学工作提供坚实的基础，从而确保学生能够接收到高质量的教育。为了促进教师的个人成长，高校应当为教师提供多样化的学习和发展机会。这包括参加各类培训、研讨会和学术交流活动，以及与其他教师分享经验和交流心得的机会。这些活动不仅能够拓宽教师的视野，让他们了解最新的教育理念和方法，还能够增强他们的专业素养，提升教学质量。此外，高校还应鼓励教师积极参与学术研究，发表高质量的学术论文，参与国内外知名学术期刊的审稿工作等。这些学术活动不仅能够提升教师的学术水平，还能够增强他们在学术界的影响力，为学校的学科建设和学术声誉作出贡献。同时，高校应当关注教师的职业发展需求，为他们提供个性化的职业发展规划和指导。这包括帮助教师明确自己的职业目标，制订切实可行的职业发展计划，提供必要的资源和支持，以及定期评估和调整职业发展计划等。这些措施能够激发教师的职业热情，提升他们的职业满意度，从而使他们更好地投入到教学工作中。

（二）强调教育教学能力的提升

在现代高等教育体系中，英语专业教师的成长与发展，不仅仅是一个简单的教育任务，更是关乎整个教育质量和学生未来发展的重要环节。因此，提升教育教学能力成为高校英语专业教师发展的核心任务之一。

教学方法和手段的创新是提升教学能力的基础。传统的填鸭式教学已经无法满足现代学生的需求，教师需要不断探索和实践新的教学方法，如情景教学、项目式教学、翻转课堂等，这些新的教学方式能够有效激发学生的学习兴趣和积极性。同时，多媒体、网络技术等现代教育技术的引入，也为教学提供了更多可能性和便利。例如，利用网络资源开展线上互动教学，不仅可以突破时间和空间的限制，还能为学生提供更加个性化的学习体验。

关注学生的个体差异，因材施教，是提升教学质量的关键。每个学生都是独一无二的个体，他们的学习风格、兴趣爱好、学习能力等方面都存在差异。因此，教师应该充分了解每个学生的特点，根据他们的实际情况制订个

第八章　中华优秀传统文化视野下高校英语专业教师的素养发展

性化的教学方案，以满足他们的学习需求。这不仅有助于提高学生的学习效果，还能培养他们的自主学习能力和创新精神。

教学反思和评估是提升教学能力的必要手段。教师应该定期对自己的教学进行反思和总结，分析教学中的优点和不足，找出改进的方向和策略。同时，通过学生评价、同行评议等方式，获取多方面的反馈意见，以便更好地调整自己的教学方法和策略。这种持续的教学反思和评估，不仅有助于提升教师的教学能力，还能促进教师的专业成长和发展。

（三）关注学科研究的发展

高校英语专业教师的发展显得尤为重要。除了日常的教学任务，教师还应该积极关注学科研究的发展，并为之作出贡献。只有这样，英语专业领域才能取得不断的学术进步，进而培养出更多具备高素质和国际视野的英语人才。

参与科研项目是教师推动学科研究发展的重要途径之一。科研项目往往涉及学科前沿的探索和创新，通过参与这些项目，教师可以接触到最新的学术成果和理论，不断拓宽自己的学术视野。同时，科研项目还能培养教师的科研能力和团队协作精神，为他们在未来的学术研究中积累宝贵的经验。

发表学术论文是教师展示研究成果、提升学术水平的重要方式。通过撰写和发表高质量的学术论文，教师可以将自己的研究成果与国内外同行进行交流和分享，进一步推动学术进步。此外，学术论文的发表也是教师晋升职称、提高社会声誉的重要依据。

参与学术交流活动是教师发展学科研究能力的重要途径。学术交流活动为教师提供了一个相互学习、交流思想的平台，他们可以在这里与国内外同行进行深入的探讨和合作，共同推动英语专业领域的学术进步。通过参与这些活动，教师不仅可以拓宽自己的学术视野，还能结识更多的学术伙伴，为未来的学术合作打下坚实的基础。

（四）强调团队合作与交流

高校英语专业作为培养英语人才的重要基地，其教师的专业素养和教学能力直接关系到人才培养的质量。因此，高校英语专业教师的发展至关重要。在这个过程中，团队合作与交流成为不可忽视的一环。

团队合作与交流能够助力教师提升教学水平。每位教师都有自己独特的教学方法和经验，通过团队合作，教师可以互相学习、取长补短。例如，在团队建设中，教师可以共同设计教学方案，分享成功的教学案例，从而丰富教学手段，提高教学效果。同时，通过观摩同事的课堂教学，教师可以反思自己的教学行为，及时调整教学策略，使自己的教学更加贴近学生的实际需求。

团队合作与交流有助于提升教师的学术影响力。学术合作是团队合作的重要方面，通过参与学术研讨会、共同撰写学术论文等活动，教师可以拓宽学术视野，了解最新的研究成果和发展趋势。这不仅有助于教师个人的学术成长，还能提升整个团队的学术水平。此外，项目合作也是团队合作的重要形式。通过参与各类英语教育项目，教师可以将理论与实践相结合，提升自己的实践能力和创新能力。同时，项目的成功实施也能为团队带来良好的声誉和影响力。

团队合作与交流还能促进教师与行业的紧密联系。高校英语专业教师不应仅仅局限于校园内的教学和研究，还应积极与行业对接，了解行业的需求和发展趋势。通过与行业内的专家、企业合作，教师可以获取更多的实践机会和资源支持，为教学提供更加丰富和实用的内容。同时，这种合作模式也能帮助学生更好地了解职场环境，为未来的就业作好准备。

高校英语专业教师发展应强调团队合作与交流。通过团队建设、学术合作、项目合作等方式，教师可以互相学习、互相支持，共同提高教学水平和学术影响力。同时，与行业的紧密合作也能为教学提供更多的实践元素和职业导向。未来，高校应进一步完善相关政策和机制，鼓励和支持教师积极参与团队合作与交流活动，共同推动英语教育的创新与发展。

第八章　中华优秀传统文化视野下高校英语专业教师的素养发展

第二节　高校英语专业教师的文化素养

一、文化素养

文化素养是指一个人在文化方面的修养和素质,包括对各种文化现象的了解、鉴赏和评价能力,以及对自身文化的认同和传承。在当今全球化的时代,拥有广泛的文化素养显得尤为重要,因为它不仅能够帮助我们更好地融入国际社会,还能够拓宽我们的视野,增强我们的文化自信心和创造力。

首先,文化素养可以帮助我们更好地理解和欣赏不同文化之间的差异和共性。在跨文化交流中,如果我们缺乏对不同文化的了解和认知,就很容易产生误解和冲突。而具备较高文化素养的人则能够更好地理解不同的文化习惯,从而建立起更加和谐的人际关系和国际合作。

其次,文化素养是提高个人综合素质的重要途径。通过对各种文化现象的学习和鉴赏,我们可以不断提升自己的审美水平、思维能力和创造力,从而更好地应对各种挑战和机遇。同时,文化素养还能够增强我们的文化自信心,让我们更加自豪地传承和发扬自己的文化传统。

最后,文化素养是推动社会进步和发展的重要力量。一个广泛拥有文化素养的社会,必然是一个充满活力和创造力的社会。在这样的社会中,人们能够更加积极地探索和创新,为社会的进步和发展贡献自己的力量。

因此,我们应该注重培养自己的文化素养,不断拓宽自己的文化视野,增强自己的文化自信心和创造力。只有这样,我们才能更好地适应时代的变化和发展,为实现中华民族的伟大复兴贡献自己的力量。

二、高校英语专业教师的文化素养表现

在探讨英语专业教师的文化素养时,我们首先要认识到,文化素养不仅仅是对某一文化的基本了解,更是对多元文化的深入理解和尊重。高校英语

专业教师的文化素养是其专业发展的重要组成部分，也是他们有效教学的关键要素。在日益全球化的今天，文化素养不仅仅是对异国文化的了解和欣赏，更是跨文化交流和沟通的基础。对于英语专业教师而言，他们的文化素养直接影响了他们的教学质量和学生的学习成果。对于英语专业教师而言，他们的文化素养主要体现在以下几个方面。

（一）文学素养

身为一位英语专业教师，深入阅读和理解文学作品的重要性不言而喻。这不仅是对经典文学作品的深入剖析，更是对各种文学流派、风格和主题的全面认识。这种对文学的深入探索，无疑是对教师自身文学素养的一次提升，同时也为教师提供了更好的工具来引导学生欣赏文学作品，激发他们的批判性思维和创新能力。

对经典文学作品的深入理解和分析，可以帮助教师更好地理解文学的本质和魅力。经典文学作品是历史的见证，是文化的积淀，是智慧的结晶。它们通过独特的语言、情节和人物形象，展现了人类社会的多样性和复杂性。通过对这些作品的深入阅读，教师可以更深入地理解文学如何反映社会现实，如何揭示人性的真实面貌，如何表达人类的情感和理想。这种理解不仅可以丰富教师的知识储备，还可以提升他们的文学鉴赏能力，使他们能够更准确地把握文学作品的内涵和价值。

对不同文学流派、风格和主题的认识，有助于教师开阔视野，理解文学的多样性和丰富性。文学是一门包罗万象的艺术，涵盖了各种各样的流派和风格，如现实主义、浪漫主义、现代主义、后现代主义等。每种流派和风格都有其独特的语言特征、情节构建和人物形象塑造方式，体现了作者对世界和生活的不同理解和表达。通过对这些流派和风格的研究，教师可以更全面地理解文学的丰富多样性，更好地欣赏和理解不同文化背景下的文学作品。

通过文学素养的提升，教师可以更好地引导学生欣赏文学作品，培养他们的批判性思维和创新能力。文学作品的欣赏不仅仅是对故事情节和人物形象的简单理解，更是对作品深层含义和价值的挖掘。教师可以通过引导学生深入阅读、分析、讨论和评价文学作品，激发他们的批判性思维，培养他们

第八章　中华优秀传统文化视野下高校英语专业教师的素养发展

的独立思考能力和创新精神。同时，教师还可以鼓励学生进行文学创作，通过实践来锻炼他们的文学素养和创新能力。

（二）文化批判意识

在教授英语的过程中，培养学生的文化批判意识是至关重要的。这不仅有助于提升学生的语言技能，还能使他们在全球化的背景下更加自信和独立地参与跨文化交流。那么，如何在教学过程中培养学生的文化批判意识呢？

第一，教师需要具备对文化的批判性分析能力。这意味着教师不仅要对西方文化有深入的了解，还要对其他国家的文化保持开放和尊重的态度。只有这样，教师才能引导学生从多个角度审视文化问题，避免单一的文化视角。例如，当教授关于节日的课文时，教师可以介绍不同国家的节日庆祝方式，并引导学生思考这些庆祝方式背后的文化价值观和社会意义。

第二，教师应该鼓励学生独立思考和判断不同文化现象的价值和意义。在教学过程中，教师可以通过组织讨论、角色扮演、辩论等活动，激发学生的学习兴趣和提高其参与度。这些活动不仅可以帮助学生更好地理解不同文化之间的差异，还能培养他们的批判性思维能力。例如，教师可以选取一部具有跨文化元素的电影，让学生在观看后分组讨论其中的文化差异和价值观冲突，并尝试提出自己的看法和建议。此外，教师还可以通过补充相关的背景信息和对概念的解释说明，帮助学生更好地理解文章。例如，在教授关于文化冲突的课文时，教师可以介绍相关的历史背景、社会制度等方面的知识，以便学生更好地理解文化冲突产生的原因和后果。

第三，为了使学生更好地掌握文化批判意识，教师还可以结合实证研究和统计数据来支持自己的观点。例如，教师可以引用一些关于跨文化交流的研究报告，让学生了解不同文化之间的误解和冲突是如何产生的，以及如何通过文化批判意识来避免这些问题的发生。

（三）多元文化教育理念

在当今全球化的时代，文化的多样性与差异性成为社会生活中不可或缺的一部分。英语作为一门全球通用语言，承载着多元文化的交流与理解的重要使命。英语专业教师在此扮演着至关重要的角色，他们不仅需要教授语言知识，更要肩负起培养学生跨文化意识和跨文化交际能力的责任。

多元文化教育的理念强调尊重和理解各种文化背景，反对任何形式的文化歧视和偏见。英语专业教师作为文化的传播者和引导者，应当积极践行这一理念，将多元文化融入课堂教学之中。他们应当引导学生认识到，英语不仅是沟通的工具，更是文化交流的桥梁。在学习英语的过程中，不仅要掌握语言知识和技能，更要学会理解和欣赏不同文化背景下的思想和价值观。

为了培养学生的跨文化意识和跨文化交际能力，英语专业教师可以采取多种教学方法和策略。首先，教师可以引入多元化的教学资源，如来自不同国家的文学作品、电影、音乐等，让学生感受不同文化的魅力。其次，教师可以设计模拟跨文化交际的情境，让学生在实践中学会如何应对不同文化背景的人，培养他们的跨文化交际技巧。此外，教师还可以通过课堂讨论、角色扮演等方式，引导学生深入思考和探讨文化差异带来的问题和挑战。

值得一提的是，多元文化教育的实施并非一蹴而就。英语专业教师需要不断更新自己的教育观念和教学方法，不断提高自己的文化素养和跨文化交际能力。同时，他们还需要积极与来自不同文化背景的学生建立良好的师生关系，以自身的行为示范引导学生尊重和欣赏多元文化。

（四）持续学习与自我提升

在全球化的浪潮中，新的文化现象和观念层出不穷，这无疑给英语专业教师带来了前所未有的挑战与机遇。面对这一变革，英语专业教师不仅要有扎实的语言基础，更要有持续学习的态度和不断更新自己的知识储备的决心。只有这样，他们才能在不断变化的世界中保持竞争力，为学生提供优质的教学。持续学习不仅是教师个人的需要，也是教育行业的必然要求。随着科技的进步和全球化的推进，英语专业的教学内容也在不断更新和拓展。

教师需要紧跟时代的步伐，关注国际动态，了解最新的教育理念和方法。通过参加学术研讨会、阅读专业书籍、参与在线课程等方式，教师可以不断更新自己的知识体系，提高自己的专业素养。同时，文化素养的提升也

第八章　中华优秀传统文化视野下高校英语专业教师的素养发展

是英语专业教师不可或缺的一部分。语言是文化的载体，英语专业教师在教授语言的同时，也要传播文化，让学生了解不同国家的历史、习俗、价值观等。教师自身也要具备跨文化交流的能力，尊重和理解多元文化，以培养学生的国际视野和跨文化交际能力。在鼓励学生自我提升方面，英语专业教师扮演着至关重要的角色。他们应该引导学生认识到终身学习的重要性，帮助他们掌握有效的学习方法和策略。通过组织课外活动、提供学习资源、指导学术研究等方式，教师可以激发学生的学习兴趣和动力，培养他们的自主学习能力和创新精神。

（五）深厚的语言基础

高校英语专业教师，这一职业角色远非简单的语言传授者所能涵盖。他们不仅是知识的传递者，更是文化的传播者、思想的引导者。他们肩负着培养学生语言技能、文学素养、跨文化交流能力等多重使命，这一职业角色需要他们具备丰富的知识和深厚的背景。

高校英语专业教师必须具备坚实的语言基础。这不仅仅是关于语法和词汇的掌握，更是对各种英语文学、历史、文化和社会背景的深入理解和研究。他们需要对英语这门全球通用语言有深入的了解，包括其历史演变、文化内涵、社会影响等方面。只有这样，他们才能在教授英语的过程中，游刃有余地将语言置于一个更大的文化语境中，使学生不仅能学习语言本身，更能深入理解语言背后的文化内涵和人文精神。

英语作为全球通用语言，承载着丰富的历史和文化积淀。从莎士比亚的戏剧到简·奥斯汀的小说，从美国的独立宣言到马丁·路德·金的著名演讲，这些文学和历史作品都反映了英语国家的社会变迁和文化发展。高校英语专业教师需要引导学生去欣赏和理解这些文学作品背后的历史和文化价值，帮助他们建立起对英语国家文化的全面认识。同时，他们还需要鼓励学生去阅读原版的文学作品，体验地道的英语表达和文化韵味，提高他们的语言水平和文化素养。此外，高校英语专业教师还需要不断更新自己的知识和技能。他们需要关注语言学、文学、文化学等领域的最新研究成果和发展趋势，不断学习和进修，提高自己的专业素养和教学水平。

（六）跨文化沟通能力

在全球化的今天，我们的世界变得越来越多元化，各种文化相互交织，形成了独特的跨文化交流环境。对于英语专业教师来说，仅仅教授语言知识已经不能满足现代教育的需求。他们还需要在跨文化沟通方面展现出卓越的能力，以便更好地培养学生的跨文化交流技巧。

在全球化的语境下，人与人之间的交流已经超越了国界和文化的限制。这意味着，英语专业的学生在学习英语的同时，还需要学会如何与来自不同文化背景的人进行有效沟通。这种能力不仅对于他们的学术成就至关重要，更将对他们未来的职业生涯产生深远影响。那么，如何培养这种跨文化沟通的能力呢？首先，教师需要自己具备这方面的素养。他们需要了解不同文化背景下的沟通习惯、礼仪和价值观，以便在与学生交流时能够给予正确的引导。同时，教师还需要不断学习和研究，跟上全球化发展的步伐，以便更好地为学生提供最新的跨文化沟通知识和技巧。

其次，教师应该注重培养学生的文化敏感性和尊重差异的态度。在跨文化交流中，理解和尊重文化差异是至关重要的。教师需要引导学生认识到，每个文化都有其独特的价值和魅力，我们应该学会欣赏和接纳这些差异，而不是排斥或贬低它们。只有这样，我们才能在跨文化交流中减少误解和冲突，实现真正的相互理解并促进文化融合。此外，教师还可以通过组织各种跨文化交流活动来帮助学生提升跨文化沟通的能力。例如，可以邀请来自不同国家的学生和教师参加座谈会或工作坊，让他们分享自己的文化经历和故事，从而增进彼此之间的了解和友谊。同时，教师还可以鼓励学生参加国际交流项目或志愿服务等活动，让他们在实践中锻炼跨文化沟通的能力。

（七）掌握多元化的教学方法

教师的文化素养在教学方法和策略上体现得淋漓尽致。文化素养深厚的教师深知教育的核心在于启迪心灵、激发兴趣，因此他们总是致力于探索多元化的教学方法，以适应不同学生的学习需求和兴趣点。

教师应善于运用案例分析，将抽象的理论知识与现实生活中的案例相结合，让学生在分析案例的过程中，自然而然地理解和掌握知识。这种方法不仅提高了学生的参与度，还培养了他们的分析能力和解决问题的能力。角色扮演也是英语教师常用的教学方法之一。模拟真实情境，让学生扮演不同的角色，参与到模拟实践中去，既锻炼了他们的表演能力，又增强了他们的合作意识和沟通能力。这种教学方法让学生在轻松愉快的氛围中，自然而然地掌握了知识。此外，小组讨论也是常用的教学策略。他们鼓励学生自由组队，围绕某个主题展开深入的讨论，让他们在交流中碰撞思想，激发灵感。这种教学策略不仅培养了学生的批判性思维和创新能力，还增强了他们的团队协作和沟通能力。同时，文化素养高的教师还善于利用多媒体技术和网络资源，为学生提供丰富的学习材料和实践机会。他们深知现代科技对于教育的重要性，因此总是想方设法地将科技与教育相结合，为学生提供更加便捷、高效的学习方式。

（八）具备自我反思和持续学习的能力

在当今全球化、信息化的时代背景下，高校英语专业教师的文化素养显得尤为重要。他们不仅需要具备扎实的专业知识，还需要拥有广泛的文化视野和深厚的文化素养。这一切，都离不开教师的自我反思和持续学习的能力。

自我反思是高校英语专业教师提升文化素养的重要途径。在不断变化的文化环境中，教师需要时刻审视自己的教学理念和方法，不断反思自己的教学行为是否符合新的教学需求。这包括教学方法的创新、教学内容的更新、教学评价的完善等方面。只有不断反思，才能发现自身的不足，进而寻求改进和提升。

持续学习是教师提升文化素养的必然要求。在知识更新换代日益加快的今天，教师若想保持自身的专业素养，就必须保持终身学习的态度。这不仅包括对新知识的获取和掌握，还包括对旧知识的更新和重构。只有这样，教师才能不断提升自己的文化素养，为学生提供更加全面、深入的教学服务。

高校英语专业教师还需要关注文化多样性，增强跨文化交流的能力。在全球化的背景下，不同文化之间的交流与融合已成为常态。因此，教师需要具备跨文化交流的能力，尊重和理解不同文化之间的差异，促进文化之间的对话与融合。这不仅有助于提升教师的文化素养，也有助于培养学生的跨文化意识和能力。

第三节　高校英语专业教师文化素养的发展路径

一、融入教学共同体，提升语言知识素养

英语教师作为培养下一代语言能力的关键人物，他们的专业成长与持续学习显得尤为重要。尽管在入职前，他们已经接受了系统的学科教学能力培训，掌握了扎实的语言基本功，但社会的快速发展和变革要求他们必须不断更新自己的知识和技能。

本校的备课组和教研组是英语教师提升语言知识素养的重要平台。通过集体备课、听课、评课、师徒结对等形式，教师可以互相借鉴与学习，分享各自的教学经验和心得。这种互动和合作不仅有助于提升教师的教学水平，还能够促进教师之间的团结和协作。

校际间的教学共同体也是英语教师提升自我不可忽视的途径。各地教师发展中心组织的教学研讨活动、教学竞赛，以及各类名师工作室开展的活动，都为英语教师提供了宝贵的学习机会。通过参与这些活动，教师可以接触到不同的教学风格和策略，拓宽自己的教学视野，进而反思并提升自身的语言知识素养。

跨学科、跨学校、跨地区、跨国界的教学共同体为英语教师提供了更加广阔的学习空间。在学科交叉、地域融合、多元文化的环境下，英语教师可以取长补短、互学互鉴，进一步丰富自己的语言知识库。这种跨界的合作与

第八章　中华优秀传统文化视野下高校英语专业教师的素养发展

交流有助于打破传统的教学思维束缚，激发教师的教学创新精神，为培养具有全球视野的学生提供有力支持。

二、浸润优秀文化，提升文化知识感悟素养

面对如此丰富多样的人类文化，英语教师如何精准地选择、提取并凝练文化知识，成为一个值得深入探讨的问题。英语教师文化知识的感悟素养的提升，可以从跨文化意识、跨文化敏感度两个方面进行。

（一）跨文化意识

跨文化意识在交际中的重要性不容忽视。这种意识不仅体现了一个人对自我文化的认知，还包括对他人文化的理解和尊重。跨文化意识的培养对于英语教师来说尤为重要，因为他们在教学中不仅要传授语言知识，还要帮助学生建立正确的文化观念，培养他们在跨文化交流中的能力。

跨文化意识主要体现在两个层面：认知和理解。浅层的跨文化意识是指对各种文化现象的认识，即了解文化"是什么"。这包括对各种文化符号、习俗、传统和价值观的认识。英语教师需要广泛涉猎不同文化的知识，以便在教学中为学生提供丰富的文化素材，帮助他们开阔视野，增强文化敏感性。

深层的跨文化意识则是指理解文化中"为什么"的内容。这需要对文化现象进行深入挖掘，探究其背后的成因和历史演进。英语教师不仅要了解文化事实，还要进一步思考这些事实背后的原因，掌握文化事实所涉及的人生观、价值观和世界观。只有这样，他们才能在教学中引导学生深入思考，培养他们的跨文化理解力和判断力。为了提升自己的跨文化意识，英语教师需要勤于学习、善于思考。他们应该不断阅读相关书籍、文章和报道，了解不同文化的历史、传统和价值观。同时，他们还需要与来自不同文化背景的人进行交流，亲身体验不同文化的魅力。通过这些学习和实践，英语教师可以逐渐提升自己的跨文化意识，为培养学生的跨文化交际能力奠定坚实基础。

（二）跨文化敏感度

在全球化日益加剧的当下，跨文化敏感度已成为英语教师不可或缺的核心素养。这种敏感度源于特定环境、情境或个人所引发的情绪或感情的变化，它使英语教师能够在日常生活和工作中灵活切换主位和客位视角，从而深入理解并欣赏不同民族的文化。主位视角是英语教师解读本土文化的重要工具。站在这一立场上，教师可以深入解读中华文化特有的观念、行为、概念等要素，挖掘其中的深刻内涵和独特魅力。这种对本土文化的深刻理解不仅有助于英语教师自身的文化自信，也能为他们提供一个独特的视角，用以观察和解读其他文化。然而，仅仅依赖主位视角是不够的。英语教师还需要具备客位视角，即站在科学、普遍的立场上研究跨文化能力，尽量避免受到自身文化的影响。通过这种视角，教师可以超越本土文化的局限，揭示文化普遍发展规律和一般原理。这种跨文化的洞察力有助于教师更好地理解和欣赏其他民族的文化，发现不同文化之间的相似点和差异性。

在日常生活中，英语教师应努力实践主位和客位视角的互补。他们应秉持立足中华优秀文化的主位视角，同时兼具揭示文化普遍发展规律和一般原理的客位视角。通过对比不同民族文化的相似点和差异性，教师可以学会欣赏本族和他族的文化，培养自身的跨文化敏感度。这种敏感度不仅有助于教师个人的成长和发展，更能为他们的课堂教学活动注入新的活力和深度。在课堂教学中，英语教师应积极引导学生用英语讲好中国故事。通过主位和客位视角的兼顾，教师可以帮助学生深入理解中华文化的精髓和独特魅力，同时培养他们的跨文化意识和能力。这样的教学活动不仅能够提高学生的语言技能，还能培养他们的跨文化素养，使他们成为具有全球视野和国际竞争力的优秀人才。

第九章　中华优秀传统文化视野下高校英语专业学生的思辨能力培养

在中华优秀传统文化的视野下，高校英语专业学生的思辨能力培养显得尤为重要。这种思辨能力不仅体现在对语言知识的掌握和运用上，更体现在对中华文化的深入理解和传承上。中华文化源远流长，博大精深，包含了众多的哲学思想、道德规范、历史传说、文学艺术等。这些素材为英语专业学生提供了广阔的思辨空间，他们可以通过对比、分析、归纳等方法，深入探讨中华文化的内涵和价值，从而培养自己的思辨能力。本章就具体分析在中华优秀传统文化视野下高校英语专业学生的思辨能力培养。

第一节　高校英语专业教学中的学生思辨能力

一、思辨

对于"思辨"的定义，学者们的看法并不统一。杜威，作为较早对"思辨"进行系统研究的学者，他认为"思辨"是一种"有目标的自我反思"。这种反思不是简单的思考，而是需要学习者在思考过程中明确自己的目的，对自身的思维过程进行深入的剖析和评估。

Paul等学者（1987）从另一个角度对"思辨"进行了定义。他们认为，思辨是一种"理性思考的方式"。在这种方式下，学习者运用思辨的思维去深入研究问题，通过分析和推理等方式使问题变得清晰明确，这有助于他们更加准确地解决问题。此外，Paul等学者还强调了思辨在知识获取和问题解决中的重要性，认为它能够帮助学习者更好地理解和应用所学知识。[1]

孔子及其弟子在我国古代文化中独树一帜，他们以卓越的智慧和深刻的洞察力，最早提出了思辨思想的重要性。在《礼记·中庸》这一经典篇章中，明确指出了学习过程的五大核心要素："博学之，审问之，慎思之，明辨之，笃行之。"这五个方面相互关联，共同构成了思辨思想的核心框架。

"博学之"意味着学习者要广泛涉猎各种知识，不断积累丰富的学识。孔子曾说："三人行，必有我师焉。"这表明了孔子对于学习的态度：无论身处何地，都要保持谦逊和好奇，从他人身上汲取知识和智慧。博学不仅是为了获取知识本身，更是为了培养全面的视野和开阔的思维。

"审问之"强调了在学习过程中要主动提问、质疑和探究。孔子提倡"不耻下问"，认为向不如自己的人请教并不是羞耻之事，反而能够促使自己不断进步。通过审问，学生可以深入挖掘知识的内涵，发现问题的本质，进

---

[1] Paul,R. & Elder,L.Critical Thinking: Learn the Tools the Best Thinkers Use[M].New Jersey: Pearson Prentice Hall，2006：293.

第九章 中华优秀传统文化视野下高校英语专业学生的思辨能力培养

而培养自己的批判性思维和独立思考能力。

"慎思之"要求学习者在思考问题时要谨慎、周全，避免片面和偏激。孔子说："学而不思则罔，思而不学则殆。"这句话深刻指出了学习与思考之间的辩证关系。只有通过慎思，学生才能够更好地理解和应用所学知识，形成自己独到的见解和观点。

"明辨之"意味着在思考和判断时要清晰明了，不被表面现象所迷惑。孔子曾说："知之为知之，不知为不知，是知也。"这句话告诉学生要诚实面对自己的无知，并通过学习和思考来消除疑惑。只有明辨是非、真假、善恶，学生才能够做出正确的决策和行动。

"笃行之"强调了将所学知识付诸实践的重要性。孔子认为，知识只有通过实践才能够真正转化为力量，改变自己和他人的命运。因此，他提倡"学而时习之"，即不断将所学知识应用到实际生活中去，通过实践来检验和提升自己的思辨能力。

在宋代，学者陆九渊进一步发展了思辨思想，提出了思辨结构的概念。他认为，要通过"格物致知"的途径去认识"本心"，即通过观察和研究事物来领悟宇宙和人生的真谛。这一观点强调了实践与理论的结合，认为只有在实践中不断摸索和反思，才能够达到真正的认识和理解。

孔子及其弟子、陆九渊等宋代学者所提倡的思辨思想，不仅是我国古代文化的重要组成部分，也是人类智慧的宝贵财富。通过广泛学习、主动提问、谨慎思考、清晰辨别和坚定实践，学生可以不断提升自己的思辨能力和自我反思能力，从而更好地应对生活中的挑战和困境。[1]

经过对学者们关于"思辨"概念的探讨不难发现，尽管界定各异，但他们的观点都凝聚着一种共同的特征：思辨是一种自我反思、逻辑严密的批判与质疑。这种思辨过程，实质上是对已存在的问题进行系统的归纳与分析。思辨不仅仅是简单的思考，更是一种深入剖析、理性判断的过程。

在众多的定义中，本书倾向于采用《现代汉语词典》的解释，即"思辨"指的是"思考辨析"。在英语阅读学习过程中，思辨能力的重要性不言

---

[1] 张立文.论中国哲学逻辑结构研究法[J].浙江学刊，1984，(6)：76-81.

而喻。学习者不仅需要对文本内容进行表层的理解，更要通过深层次的思考、辨别与分析，挖掘出文字背后的深层含义，实现真正的理解和运用。

思辨能力的培养，对于英语学习者的全面发展具有深远的影响。首先，思辨能够帮助学习者在理解文本时，避免被表面的信息所迷惑，能够透过现象看本质，抓住问题的核心。其次，思辨能够促使学习者在学习的过程中，不断地提出问题、分析问题、解决问题，从而形成一种积极主动的学习态度。最后，思辨还能够提升学习者的创新能力，使他们在面对新的问题和挑战时，能够迅速找到解决问题的思路和方法。例如，在英语阅读学习中，学习者可以通过对文本中的观点、论据、逻辑结构等进行深入剖析，从而理解作者的真正意图，把握文章的主旨。同时，学习者还可以通过对比不同文本的观点和论据，形成自己的独立见解，提升批判性思维能力。

二、思辨能力

"思辨能力"这一术语，最初在20世纪初由美国著名哲学家和教育家约翰·杜威提出。他在其经典之作《我们如何思维》（How We Think）中，详细阐述了"反省思维"（reflective thinking）的理念，将其定义为对已有知识的深度再思考过程。[①]这一观点为学生提供了一种全新的思考方式，有助于学生更加全面、深入地理解世界。

思辨能力不仅仅是对知识的简单理解，更是一种批判性的思考方式。它要求学生不断地质疑、挑战已有的观念，从中寻找更深层次的意义。这种思考方式可以帮助学生避免盲目接受信息，提高学生的独立思考能力。

思辨能力在个人成长和社会发展中具有重要地位。在个人层面，拥有思辨能力的人往往能够更快地适应新环境，更好地解决问题。他们能够在众多信息中找到真正有价值的内容，从而做出更明智的决策。在社会层面，思辨能力的普及和提高有助于推动社会进步。一个充满思辨精神的社会，将更加

[①] 约翰·杜威.我们如何思维[M].伍中友，译.北京：新华出版社，2010.

第九章　中华优秀传统文化视野下高校英语专业学生的思辨能力培养

注重创新和变革，更加愿意倾听不同的声音，从而实现更加公正、和谐的发展。思辨能力是一种非常重要的思维能力，它可以帮助学生更好地理解和应对复杂多变的世界。学生应该积极培养和提高自己的思辨能力，从而更好地实现个人价值和社会进步。

在Ennis（1962）的经典定义中，"思辨能力"这一概念被划分为认知能力和情感倾向两大方面。[1]这种划分不仅揭示了思辨能力的复杂性，还强调了其在个人思想和行为中的主导地位。

思辨能力的认知方面涉及了广泛的认知技能，包括批判性思维、问题解决能力、归纳推理和演绎推理等。这些技能使人们能够客观地分析信息，辨别真假，形成独立和全面的判断。具有强大认知能力的人，在面对复杂问题时，能够运用逻辑和理性，避免盲目接受他人的观点或信息。他们能够从多个角度审视问题，寻找最佳的解决方案，并在必要时修正自己的观点。

当然，思辨能力并不仅仅局限于认知层面。情感倾向同样扮演着至关重要的角色。情感倾向是指个体在思考和决策过程中受到的情感因素的影响。虽然情感因素在某些情况下可能导致偏见或主观性，但同样也能为思考过程带来丰富性和深度。例如，当面对道德或伦理问题时，情感倾向可能促使人们更加关注他人的感受和需求，从而做出更加公正和负责任的决策。

认知能力和情感倾向并不是孤立存在的。相反，它们相互作用，共同塑造了一个人的思辨能力。在思考过程中，认知能力和情感倾向相互补充，使学生能够更全面地理解问题，并做出更加明智和合理的决策。

思辨能力是一个多维度的概念，既包含了认知能力，也涵盖了情感倾向。具有思辨能力的人能够支配自己的思想和行为，运用逻辑和理性分析问题，同时也不忽视情感因素在决策中的重要性。这种能力的培养和发展对于个人成长和社会进步具有重要意义。

Halpern（1993）将思辨能力定义为分析、整合和评价信息的能力以及

---

[1] Ennis,R.H.A concept of critical thinking[J].Harvard Educational Review, 1962, (1): 81–111.

实际运用这些能力的倾向。①这种能力不仅有助于学生理解复杂问题，还能帮助学生做出明智的决策。思辨能力中的分析能力是指学生能够把一个问题拆解成若干个子问题，逐一进行探究。例如，当学生面对一个复杂的科学问题时，可以通过分析实验数据、观察现象和提出假设等方式，逐步揭示问题的本质。这种能力使学生能够更深入地理解问题，避免被表面现象所迷惑。整合能力则是指学生能够把不同来源、不同类型的信息进行归类、整合，形成一个完整的认知体系。在信息爆炸的时代，学生每天都会接触到大量的信息，如何将这些信息进行有效整合，成了一个重要的问题。通过整合能力，学生可以把零散的信息串联起来，形成一个清晰的知识框架，从而更好地理解和应用这些知识。此外，评价能力也是思辨能力的重要组成部分。它要求学生能够判断信息的真伪、价值以及适用范围。在面对海量的信息时，学生如何判断哪些信息是可靠的、有价值的，哪些信息是不准确的，甚至是虚假的，这都需要学生具备评价能力。只有通过评价能力，学生才能筛选出真正有用的信息，为决策提供依据。

除了以上三种能力外，思辨能力还包括实际运用这些能力的倾向。这意味着学生需要将思辨能力融入日常生活中，不断实践、反思和提高。只有在实践中不断锻炼，学生的思辨能力才能得到真正的提升。

Paul&Elder（2006）在其著作中明确指出，思考能力的发展并非一蹴而就，它要求学生运用合理的评估标准，进行有意识的推理，以便能够做出有根据的判断。②

与国外研究相比，国内学界对"思辨能力"的研究起步较晚。然而，随着国内学术环境的不断改善和学术研究的深入，越来越多的学者开始关注思辨能力的培养与提升。他们通过实证研究、案例分析等方式，深入探讨了思辨能力的内涵、特点及其在教育、工作等领域的应用。

近年来，有学者将"批判性思维"翻译为"高层次思维能力"，然而，

---

① Halpern, D. F. Assessing the effectiveness of critical thinking instruction[J]. Journal of General Education, 1993, (4): 238–254.
② Paul, R. & Elder. L. Critical thinking: The nature of critical and creative thought[J]. Journal of Developmental Education, 2006, (30): 34–35.

第九章　中华优秀传统文化视野下高校英语专业学生的思辨能力培养

这种翻译方式却引发了文秋芳教授的质疑。她认为，这种翻译方式可能会使读者无法理解"批判性思维"所提出的观点，因为"批判性思维"所蕴含的内涵远比"高层次思维能力"要丰富和复杂。文秋芳教授进一步指出，思辨能力是一个多层次、多维度的概念，它包括元思辨能力和思辨能力两个方面，其中，元思辨能力是指个体对自身思辨过程的认识和监控能力，而思辨能力则包括思辨认知和思辨倾向两个方面。思辨认知是指个体在思考和解决问题时所采用的方法和策略，而思辨倾向则是指个体在思考和解决问题时所持有的态度和价值观。[1]

三、英语专业教学中的学生思辨能力

思辨能力，即批判性思维能力，是英语专业教学中不可或缺的一部分。在传统的教学模式中，学生往往侧重于语言知识的传授和语言技能的训练，却忽略了思辨能力的培养。然而，随着教育的深入改革和国际交流的日益频繁，思辨能力的重要性逐渐凸显出来。英语专业的学生需要具备独立思考、分析问题、判断信息真伪的能力，这样才能在未来的学术研究和实际工作中立于不败之地。因此，英语教师应当注重培养学生的思辨能力，将思辨能力的培养融入教学中。

在英语阅读教学中，教师可以选取一些具有争议性的主题或观点，引导学生进行小组讨论和辩论。通过这种方式，学生可以在辩论中锻炼自己的思维，提高自己的批判性思维能力。同时，教师还可以引导学生对文本进行深层次的分析和解读，帮助他们理解作者的观点和意图，从而培养他们的思辨能力。在英语写作教学中，教师可以要求学生就某一主题或问题进行分析和论述。在写作过程中，学生需要收集和分析各种信息，整理自己的思路，提出自己的见解。这种方式不仅可以帮助学生提高写作水平，还可以培养他们

---

[1] 文秋芳，赵彩然，刘艳萍等.我国外语类大学生思辨能力客观性量具构建的先导研究[J].外语教学，2010,（1）：55-58+63.

的思辨能力。除了课堂教学，英语教师还可以通过课外活动来培养学生的思辨能力。例如，可以组织英语演讲比赛、辩论比赛等活动，让学生在实践中锻炼自己的思辨能力。同时，教师还可以鼓励学生参加各种学术研讨会和讲座，拓宽他们的视野，增强他们的思辨能力。

第二节　高校英语专业学生文化思辨能力培养的影响因素

一、思维方式严重束缚思辨能力的提升

在探讨东西方的文化与思维差异时，不能忽视西方逻辑思维与东方辩证思维之间的鲜明对比。这两种思维模式不仅代表了各自文化背景下的独特智慧，也反映了人们在不同文化环境中对世界的不同理解和认知方式。

西方的逻辑思维，也被称为分析思维，是一种典型的理性思维模式。它强调逻辑推理，通过自下而上的实证研究方法，从微观层面对事物进行细致分析。这种方法基于事实，通过归纳、演绎和推理来得出结论。这种思维模式在很大程度上是西方文化中个人主义、自我中心的体现，强调个体的独立性和价值。在西方文化背景下，思辨能力被视为个体能力的核心，它鼓励人们质疑、批判，并勇于展现自己的个性。因此，西方社会，特别是受过高等教育的群体，普遍展现出强烈的质疑精神和批判性思维能力。

与之相对，东方的辩证思维则体现了另一种完全不同的思维模式。这种思维方式同样基于事实，但更注重对事物的宏观把握和整体研究。中国人往往凭借已有的经验和知识，对事物的本质及其规律性进行整体把握，采用自上而下、从整体到部分的方法。这种思维模式强调整体的重要性，体现了东

第九章　中华优秀传统文化视野下高校英语专业学生的思辨能力培养

方文化注重群体和谐、社会稳定的价值观。中庸和谐成为人们思考问题、处理问题的基本出发点，这在一定程度上也限制了思维的开放性和创新性。

然而，这并不意味着东方的辩证思维就缺乏优点或价值。相反，它有着独特的魅力和智慧。首先，辩证思维强调整体性和综合性，有助于人们更全面地认识和理解事物。它注重从宏观角度把握事物的本质和规律，避免了片面性和局限性。其次，辩证思维注重对立统一，有助于人们认识和处理矛盾和问题。它强调在矛盾中寻找统一，在问题中寻找解决方案，体现了深刻的智慧和洞察力。最后，辩证思维注重实践和创新，鼓励人们在实践中探索和创新，不断推动事物的发展和进步。

西方人的逻辑思维和中国人的辩证思维各有其优点和局限性。在全球化背景下，学生应该借鉴和融合不同文化的思维模式，以更全面地认识和理解世界。同时，学生也应该重视思辨能力的培养和提升，以更好地应对复杂多变的现实问题。无论是西方人还是中国人，都应该保持开放的心态和批判的精神，不断探索和创新，为人类的进步和发展作出更大的贡献。

二、教育模式长期限制思辨能力的提升

西方教育历来重视启发式教育、尝试教育、探索教育。这种教育方式在家庭和学校中都得到了体现，父母和教师都有意识地培养孩子的体验能力，鼓励他们发现、分析和解决问题。在这种环境下，孩子们被鼓励发散思维、自由思考，并尽可能避免受到其他因素的干扰和限制，从而使他们的个性思维得到最大化的发挥。进入大学阶段，西方教育更是将思辨能力的培养作为人才培养的重要目标。在教学过程和教学环节中，提高思辨能力的理念被贯穿于始终，以确保接受高等教育的学生在思辨能力方面能够有一个飞跃式的提升。这种教育方式不仅培养了学生的批判性思维能力，还激发了他们的创新精神，使他们能够更好地适应未来社会的发展需求。

相比之下，中国教育长期以来以灌输式教育为主流，以应试教育为主导。在这种模式下，考试成为教育的核心，学校和教师都围绕着考试来调整教育方式、教学计划和教学大纲。从小学到中学，学生的学习内容主要是相

关知识的记忆和简单应用，而对于思辨能力的培养则显得相对不足。在这种教育模式下，学生往往缺乏独立思考和解决问题的能力。他们习惯于被动接受知识，而不是主动探索和学习。教师也因为各种原因，不注重散发式思维的引导，没有对思辨能力进行有意识的启发，更谈不上主动锻炼学生的思辨能力。因此，在进入大学之前，学生所接受的教育模式并不利于思辨能力的发展。然而，随着社会的不断发展和进步，人们对于教育的需求也在不断变化。越来越多的人开始意识到思辨能力的重要性，并呼吁教育改革。近年来，中国教育也开始逐渐重视思辨能力的培养，尝试通过课程改革、教学方法创新等方式来提高学生的思辨能力。

进入高等教育阶段，我国大学逐渐认识到思辨能力培养的重要性，但在实际操作中，其成效却不尽如人意。这背后存在多方面的原因，值得深入探讨。

首先，学生在基础教育阶段就缺乏思辨能力的基本素养。长期以来，我国基础教育体系更注重知识的灌输而非思辨能力的培养。学生习惯了被动地接受知识，而非主动地去思考、去质疑。因此，当进入高等教育阶段，需要他们进行独立思考和批判性分析时，他们往往显得力不从心。

其次，虽然高等教育阶段没有了高考的压力，但学生仍然需要面对课程考试、专业考试以及与就业有关的各种等级考试。这些考试往往以知识技能为主，导致学生在备考过程中更加注重知识的记忆和应试技巧的训练，而忽视了思辨能力的培养。在这样的环境下，学生很难有机会去深入思考、去质疑、去挑战权威，从而影响了他们思辨能力的发展。

此外，大学教师在思辨能力培养方面也存在一定的问题。一些教师可能自身缺乏思辨能力或者没有意识到其重要性，因此无法有效地引导学生进行思辨训练。另外，一些教师可能受到外部因素的影响，如教学压力、科研任务等，导致他们无法投入足够的时间和精力来关注学生的思辨能力培养。以英语专业的大学生为例，他们本应较早、较全面地接受西方的文化思维，成为思辨能力提升的领跑者。然而，由于上述原因，他们在思辨能力培养方面也存在一定的问题。

由以上可知，我国大学在思辨能力培养方面存在多方面的问题。为了改善这一状况，教师需要从基础教育阶段开始注重思辨能力的培养，同时改革高等教育阶段的考试体系，使其更加注重思辨能力的考察。此外，大学教师

第九章　中华优秀传统文化视野下高校英语专业学生的思辨能力培养

也需要加强自身的思辨能力培训，以便更好地引导学生进行思辨训练。只有这样，教师才能培养出具有思辨能力的高素质人才，为社会的发展和进步作出贡献。

自2000年《高等学校英语专业英语教学大纲》颁布以来，在我国的高等教育体系中，英语专业的教学方向发生了显著的变化。全国各大高校纷纷开始尝试培养英语复合型人才，旨在通过"英语+"的模式，将英语专业与其他学科领域进行有机融合。然而，在这一过程中，也发现了一些问题。

首先，尽管"英语+"的模式在理论上具有很大的潜力，但在实际操作中，却面临着许多挑战。许多高校在尝试将英语专业与其他专业融合时，往往只是简单地将英语课程与其他专业课程进行叠加，而缺乏深入的思考和整合。这种"拼凑式"的教学模式，不仅无法充分发挥英语专业的优势，还可能导致学生的专业知识体系变得杂乱无章。

其次，受到英语专业四、八级考试以及学生就业压力的影响，许多教师在教学过程中过于注重学生的听、说、读、写、译等基本技能的培养，而忽视了对学生逻辑思维和创造想象能力的培养。这种教学方式虽然能够帮助学生快速提高英语水平，但无法真正培养出具有批判性思维和创新能力的人才。此外，许多教师在教学方法上也存在欠缺。他们过于依赖传统的背诵、复述等机械性学习活动，而忽视了探究式、问答讨论式等有助于思辨能力训练的操作。这种教学方式不仅无法激发学生的学习兴趣和积极性，还可能阻碍他们批判性思维能力的提升。更为严重的是，这种教学模式忽视了英语专业作为人文学科的本质属性。英语专业不仅是一门语言学科，更是一门涉及文化、历史、哲学等多个领域的综合性学科。如果教师在教学过程中过于强调语言的交际功能，而忽视了语言的思维功能，那么就无法真正培养出具有全面素养的英语专业人才。

三、非母语表达阻碍思辨能力的提升

从语言学的视角来看，英语专业学生的非母语表达确实在一定程度上影响了其思辨能力的提升。必须明确的是，西方语言与汉语言在表达方式和语言特性上存在显著的差异。西方语言，如英语，往往追求精确性和逻辑性，而汉语言则以其模糊性、随意性和暗示性等特点而著称。这种语言间的转换不仅考验着翻译者的技巧，更对非母语学生提出了更高的要求。当人们试图用非母语，尤其是英语来表达自己的思考和观点时，面临的挑战不仅仅是语言本身，还包括如何确保思维的连贯性、流畅性和快速性。对于英语专业的学生来说，他们在语言表达上可能会遇到不够流畅、不够协调的问题，这在一定程度上限制了他们思辨能力的发挥。

此外，英语专业学生的学习内容和方法也对其思辨能力的提升产生了影响。英语专业的学生需要花费大量时间来掌握英语的专业技能、英语知识和第二外语。在学习过程中，他们更多地依赖于记忆、模仿、背诵、复述等机械脑力劳动，这些活动更多地属于较低层级的思维活动。相比之下，判断、推理、分析、论证等复杂的、富有挑战性的思维活动则相对较少。这种学习方式不仅限制了英语专业学生批判性思维训练的时间和空间，还由于语言水平的限制，使得他们在思辨能力训练上受到了一定的制约。因此，尽管英语专业的学生在英语表达上可能有一定的优势，但在思辨能力方面，他们可能并不如其他专业的学生。然而，这并不意味着英语专业学生的思辨能力无法提升。

第三节　高校英语专业学生文化思辨能力的培养策略

在当前的高等教育体系中，英语专业的教学往往过于注重语言技能的训练，而忽视了思辨能力的培养。然而，随着全球化的深入发展，英语专业的学生不仅需要掌握扎实的语言基础，更需要具备独立思考、创新能力和跨文化交流的能力。面对这样的现状，迫切需要对英语专业教学进行改革，以培

第九章　中华优秀传统文化视野下高校英语专业学生的思辨能力培养

养适应多元文化、具备深厚英语语言技能的高素质复合型人才。

为了培养这样的新型人才，首先要从英语专业课程的设置入手。传统的英语课程往往只强调语法、词汇和听说读写等基础技能的训练，而忽视了思辨能力的培养。因此，需要将思辨能力的培养融入英语专业教学中，通过设计一些具有思辨性的课程和教学活动，引导学生主动思考和解决问题。同时，还需要加强学生的文化素质教育。在多元文化的背景下，英语专业的学生需要了解不同文化的价值观、思维方式和交流方式，以便更好地进行跨文化交流。因此，可以通过开设文化课程、组织文化交流活动等方式，提高学生的文化素养和跨文化交流能力。此外，还需要注重培养学生的创新能力。创新是现代社会的重要特征之一，也是英语专业学生必备的能力之一。例如，可以通过开展创新实践活动、鼓励学生参加科研项目等方式，激发学生的创新精神和创造力。

一、以中国文化思想内涵促进思辨能力提升

在英语专业教学中，对于学生思辨能力的培养是一项至关重要的任务。然而，仅仅依靠传统的教学方法往往难以达到理想的效果，但可以结合中国文化的内涵和哲学思想来更好地实现这一目标。中国文化固有的思辨哲学，不仅有助于锻炼学生的思维能力，还能在专业学生练习和思考用外来语表达中国文化知识和哲学思想的过程中，提升其语言实践能力。这种相互促进的方式，能够全面提升学生的英语语言能力、文化知识和思辨能力。

首先，中国文化的内涵和哲学思想为学生提供了丰富的思辨素材。中国文化源远流长，博大精深，其中蕴含了丰富的哲学思想和价值观念。这些思想和观念不仅具有深刻的思辨性，而且与人们的日常生活密切相关。引导学生深入探究这些文化和哲学思想，可以激发他们的思辨兴趣，培养他们的思辨能力。

其次，用外来语表达中国文化知识和哲学思想有助于提升学生的语言实践能力。在英语专业教学中，学生不仅需要掌握英语的基本语法和词汇，还需要学会如何用英语准确地表达各种文化现象和思想观点。通过练习用外来

语表达中国文化知识和哲学思想，学生可以锻炼自己的语言表达能力，提高自己的语言实践水平。

最后，注重中国文化的内涵的深入对于英语专业教学具有重大的意义。在全球化的背景下，跨文化交流日益频繁，对于英语专业的学生来说，具备跨文化交际能力至关重要。通过深入探究中国文化的内涵和哲学思想，学生可以更好地理解自己的文化根源，增强文化自信，为未来的跨文化交流打下坚实的基础。

二、尊重文化差异性

在全球化日益加深的当下，文化的多样性显得愈发重要。尊重文化差异原则，意味着学生要对多元文化间的不同有清醒的认识，尊重文化的不相容及差异性，并针对这些差异进行有目的的沟通交流，最终解决因文化差异而产生的问题。

尽管不同文化的异质性、对抗性和不相容性有时显得突出，但这并不意味着文化间的对话交流是不可能的。相反，任何一种文化都具有自身特色和优势，不存在孰优孰劣之分。异质文化间的对话必须建立在互相尊重的基础之上，只有当学生真正理解并尊重彼此的文化差异时，才能实现有效的沟通和理解。

尊重文化差异性是多元文化平等对话的基础。在全球化的语境下，学生应该摒弃文化中心主义的观念，认识到每种文化都有其独特的价值和意义。多元文化间的平等对话不仅可以增进相互理解，还可以促进文化的创新和发展。同时，尊重文化差异性也是跨文化实践能顺利展开的前提条件。在商业、教育、国际关系等领域，跨文化实践已经成为不可或缺的一部分。只有学生充分尊重文化差异，才能避免因文化误解而导致的冲突和障碍，确保跨文化实践的顺利进行。

第九章　中华优秀传统文化视野下高校英语专业学生的思辨能力培养

三、以相互理解为目标

在当今世界，随着全球化的不断推进，文化交流与融合已经成为不可逆转的趋势。英语教学作为连接不同文化的重要桥梁，其重要性愈发凸显。而在这个过程中，思辨能力的培养显得尤为重要。思辨能力不仅有助于学习者深入理解英语语言和文化，还能够提升他们的跨文化沟通能力，更好地应对多元文化的挑战。

在英语专业教学中，思辨能力的培养应以文化知识为起点。文化知识的学习是丰富学习者个体认识的基础。通过了解不同文化的历史、传统、价值观等，学习者可以拓宽视野，增强对不同文化的敏感性和认同感。例如，学习英语国家的文学作品，可以了解到英语国家的思想观念、社会习俗和人文精神，从而加深对英语文化的理解。然而，仅仅了解文化知识并不足以实现真正的相互理解。因此，英语教学还需要培养学习者的文化意识。文化意识是指学习者在跨文化交流中，能够敏锐地感知到不同文化的差异性，并以开放、包容的态度对待这些差异。通过培养文化意识，学习者可以更加客观地看待不同文化，减少误解和偏见，为进一步的相互理解打下基础。英语教学的思辨能力培养应以文化理解为最终目标。在具备文化知识和文化意识的基础上，学习者需要运用批判性思维，对所学到的文化知识进行深入分析和理性判断。只有这样，才能真正理解不同文化的内在逻辑和价值观念，从而探寻出适合彼此、能为彼此接受和理解的解决方法。

值得一提的是，多元文化的相互理解从来就不是单方面的，而是需要双方或多方协同合作。在跨文化交流中，学习者应主动寻求与对方进行对话和沟通的机会，通过分享彼此的文化经验和观点，增进相互理解。同时，学习者还应关注文化差异背后的深层次原因，以便更好地应对文化冲突和误解。

四、坚持循序渐进原则

对于英语专业的学生而言，掌握英语语言文化知识固然重要，但同样不可忽视的是对中国传统文化的深入理解和传承。如何在英语文化教育中融入中国传统文化，培养学生的思辨能力，成为教育者需要关注的重要问题。本节旨在探讨循序渐进原则在英语文化教育中的应用与实践，以提高学生的思辨能力和学习主动性。

循序渐进原则是指在教学过程中，根据学生的认知规律和接受能力，结合文化知识本身的逻辑结构，有计划、有步骤地传授知识，逐步提高学生的思辨能力。这一原则强调知识的层次性和系统性，注重学生的个体差异和接受度，旨在避免知识传授的盲目性和无效性。在英语文化教育中，循序渐进原则的应用具有重要意义。首先，通过有计划地传授文化知识，帮助学生建立系统的知识框架，从而更好地理解和掌握英语语言文化。其次，结合学生的接受能力，逐步提高教学难度，培养学生的思辨能力和跨文化交流能力。最后，通过营造积极的学习氛围和安排丰富多样的课堂活动，激发学生的学习兴趣和主动性，提高其学习效果。

在中国文化背景下，将中国传统文化融入英语文化教育具有独特的优势。首先，中国传统文化源远流长，内涵丰富，为英语文化教育提供了丰富的素材和视角。其次，结合中国传统文化，可以帮助学生更好地理解英语文化，减少文化冲突和误解。最后，通过对比中西方文化，培养学生的跨文化意识和思辨能力，可以提高其综合素质和国际竞争力。

五、改变传统的吸收式学习模式

为了培养学生的思辨能力，教师需要改变传统的吸收式教学模式，让学生积极主动地投入到学习过程和知识应用过程中。教师可以通过组织课堂讨论、案例分析、角色扮演等多样化的教学活动，激发学生的学习兴趣，培养他们的批判性思维和创新能力。同时，教师还可以鼓励学生参与各种英语角、演讲比赛、翻译实践等活动，让他们在实践中锻炼自己的思辨能力。

在注重能力培养的同时，教师也不能忽视学生的情感培养。关注学生的情感需求，鼓励他们积极面对学习中的挑战和困难，可以帮助他们建立自信心，形成良好的学习习惯和价值观。同时，教师还可以通过引入多元文化教育，让学生了解不同文化之间的差异和共同点，避免狭隘思想的形成，丰富看待事物的视角。在多元文化并存的社会中，培养学生的思辨能力尤为重要。只有具备了科学分析、理性判断、辩证看待问题和解决问题的能力，学生才能在跨文化实践中充分发挥自己的专业知识，形成良好的价值观和世界观。同时，这些能力也将有助于他们在学习生活和工作中不断发现新思路，开创新方法，实现专业技能和个人综合素质的相互促进和不断提升。

六、合理设计英语专业课程的内容

在英语教育中，思辨能力的培养是一个至关重要的环节。为了实现这一目标，英语专业的课程设计需要从技巧、习惯和反思能力三个维度进行深入考虑。这种设计旨在不仅提高学生的语言能力，而且同时强化他们的思辨能力和人文素养。

写作课程在英语专业中具有特殊地位，因为它提供了一个理想的环境来培养学生的思辨能力。通过结合语言技能训练、学科素养和思辨能力培训，教师可以让学生在提高写作技巧的同时，也提升他们的思考深度和广度。为了实现这一目标，英语教师可以采用多种教学方法，如自我反思、相互评价等。例如，在学术写作课程中，教师不仅要训练学生的写作技巧，更要培养他们的思辨能力，使他们能够在写作过程中运用批判性思维，对学科知识进行深入的探讨和分析。

此外，英语教师还可以通过组织专题演讲等活动来进一步提高学生的思辨能力。为了确保活动的有效性，教师可以为学生设定演讲时间表等规则，引导他们进行有目的的演讲练习。通过这种方式，学生可以在实践中锻炼自己的思辨能力，提升语言运用的灵活性。

在阅读课程中，培养学生的思辨能力同样重要。由于学生的阅读材料往往具有单一性，这可能导致他们失去对其他知识领域进行了解的机会。因此，英语教师应该鼓励学生广泛阅读各种资料，包括报纸、文学名著等，以提高他们的注意力和阅读理解能力。同时，教师还可以通过要求学生在阅读后进行写作练习来培养他们的思辨能力。这种练习可以帮助学生构建写作框架，确定主题句，并对框架进行丰富，从而提高他们的写作能力和思辨能力。

　　精读课程在英语专业中也扮演着重要角色。这门课程能够帮助学生建立起语言技能和思辨能力之间的联系。在精读课堂上，教师应该注重培养学生的演讲能力。例如，教师可以在课前十五分钟带领学生进行演讲练习，分阶段进行模拟演讲、撰写演讲稿和即兴演讲等练习。这些活动可以帮助学生逐步提高自己的演讲能力和思辨能力。

　　最后，为了培养学生的跨文化能力，教师可以将思辨能力的培养与之相结合。通过设计跨文化任务、提问式教学以及利用跨文化探究活动等方法，帮助学生提高对不同文化的理解和评价能力。此外，英语写作也是培养学生思辨能力和跨文化能力的有效途径之一。教师可以设计具有趣味性和启发性的话题，让学生在写作过程中提出论点并进行合理阐述。这样不仅可以提高学生的写作水平，还可以培养他们的思辨能力和跨文化意识。

第十章 中华优秀传统文化视野下高校英语专业教学的发展趋势

随着社会的持续进步，中华优秀传统文化与高校英语专业教学的融合展现出了崭新的发展态势。在这一进程中，课程思政理念的深度融入、智慧课堂的精心构建、AI/AR/VR技术的创新应用以及学生知识图谱的系统构建，均成为备受瞩目的焦点。这些发展趋势不仅有力推动了高校英语专业教学的创新步伐与发展进程，更为学生提供了更为深入、全面的学习体验。本章将针对这些重要的发展趋势进行深入剖析与探讨。

第一节　课程思政理念的融入

一、课程思政理念阐释

　　课程思政是我国高等院校教育的一种独特教育理念，是对新时代人才培养提出的新要求。我国的高等院校一直以来都承担着为国家培养优秀人才的使命，即使在战乱年代都不曾停歇。进入新时代以来，国内外的环境发生了重要的转变，我国逐渐从发展中国家向发达国家迈进。在这样的重要历史时期，对整个教育系统尤其是高等院校都提出了更高的要求。人才是一个国家安身立命的重要根基，而对人才的思政教育更是教育的重中之重。思政是高等教育中非常有代表意义的一个重要部分，将思政教育贯穿高等教育的始终是国家培养人才的必然要求。

　　到目前为止，课程思政已经经历了三个发展阶段，分别是：2005—2009年在上海试执行的"两纲教育"、2010—2013年开始全面推行的"德育一体化"教育和2014年至今形成的成熟的思政课程教学体系。

　　2016年12月，习近平总书记在主持政府工作会议中特别强调了高校思想政治教育的重要性，并指出思想政治理论课要坚持在改进中加强，提升思想政治教育的亲和力和针对性，以满足学生成长发展的需求和期待，使各类课程与思想政治理论课同向同行，形成协同效应。

　　党中央重视高校人才培养，为高校的工作指明了方向，尤其是对思想政治的教育工作，提出了特别的要求。这足以证明思政课在高校的教学中占有非同寻常的地位，是人才培育的基本前提。此后，思政教育成为我国高校人才培养和课程教育的重要指导思想。

　　思政课程的提出还与当时的时代背景有着密切的关系。21世纪以来，经过改革开放40年来的建设与积累，我们国家在各个方面都取得了飞跃式的发展，这不仅进一步凝聚了民族自信心，而且让世界各国不禁对我国的强大产生敬畏之情。但是我们国家的发展之路仍然充满挑战，要实现中华民族的伟大复兴，要实现从大国向强国的转变，未来的路还任重道远。正因为此，国

第十章　中华优秀传统文化视野下高校英语专业教学的发展趋势

家对人才的培养也提出新的要求。未来，高校学生仅仅拥有知识、技能和学历是远远不够的，国家已经过了快速发展阶段，今后需要的人才不仅要具有过人的才能，而且还应具备过硬的思想政治水平。因此，国家提出了"课程思政"的新型教学模式。课程思政主要是指以强化思政教育为目的，在各个学科内有机地融入思政教育内容，从而一改往日生硬的思想道德和政治水平培育的方式。

二、中华优秀传统文化视野下高校专业英语教学课程思政建设策略

课程思政是一种将思想政治教育融入各类课程的教学方式，旨在通过课程内容的传授，培养学生的思想政治素质和社会责任感。这种教学方式不仅有助于提高学生的综合素质，还能够促进学生对社会、国家、民族的认识和理解，增强他们的爱国情感和民族自豪感。

在课程思政的教学中，教师应该注重将思想政治教育与课程内容相结合，通过案例分析、课堂讨论、角色扮演等多种方式，让学生更深入地理解思政教育的内涵和重要性。同时，教师还应该在授课中注重启发学生的思考和判断力，帮助他们树立正确的价值观和世界观。

除了教师的引导作用外，学生也应该积极加强课程思政的学习。他们应该认真听讲、积极思考，主动参与课堂讨论和实践活动，不断提升自己的思想政治素质和社会责任感。同时，学生还应该注重将所学知识应用到实际生活中，为社会和国家的发展贡献自己的力量。

（一）重构教学内容，挖掘思政教育元素

课题组教师应将教材内容划分为基础、通识、拓展三大板块；在教学过程中，尝试打破原有顺序，按照单元主题内容进行分类、重组，集中授课；寻找单元主题和进行思政教育的结合点，探究各类思政元素在教学全过程中的融入手段和方法，使课堂思政教育更具贴近性、互动性和共鸣性。另外，

课题组教师还应以教研室为单位,每周教研,共享课程思政新资源,探究思政教育新思路。

(二)结合学习通平台,构建混合式课程思政路径

通过线上线下授课时空的混合、信息技术使用的混合以及各种教学方法的混合,锻造出"线下教学活动+学习通平台资源建设+移动App终端自主学习"的多维立体课程思政路径。

第二节　智慧课堂的构建

一、智慧课堂

智慧课堂教学是一种以学习者为中心,遵循人的认知发展规律,基于学生个体差异按需开展教学,提供个性化的学习诊断、学习资源与学习支持服务的教育形态。智慧课堂教学形态具有育人为本、场景感知、数据驱动、人机协同等关键特征。

(一)育人为本

智慧课堂教学是一种新兴的教育模式,它强调以学习者为中心,充分尊重和理解学生的个性差异。这种教育模式认为,每个学生都是独一无二的,他们拥有自己的学习需求、兴趣和潜能。因此,智慧课堂教学致力于提供个性化的学习支持服务,帮助学生找到适合自己的学习方法和路径,以实现高效的学习成果。

第十章　中华优秀传统文化视野下高校英语专业教学的发展趋势

在智慧课堂教学中，智能技术发挥着至关重要的作用。通过运用大数据、人工智能等先进技术，教育者可以对学生的学习情况进行全面、深入的诊断。这不仅有助于发现学生的优势和不足，还可以为每个学生量身定制学习资源和支持服务。这样一来，教育者就能真正做到因材施教，使每个学生都能在适合自己的领域内得到充分的发展。此外，智慧课堂教学还注重培养学生的创新能力、批判性思维和实践能力。在这种教育模式下，学生不仅能够掌握丰富的知识，还能学会如何运用这些知识解决实际问题。这有助于培养出具备创新精神和实践能力的人才，为我国的发展注入新的活力。

我国政府高度重视智慧课堂教学的发展，不断出台相关政策举措，推动教育信息化建设的深入进行。例如，推动"宽带校园"建设，提升学校网络基础设施水平；开展"互联网+"教育创新试点，鼓励学校利用互联网技术改革教育教学；加大对教育信息化设备的投入，为学校提供先进的教育技术支持。

（二）场景感知

智慧课堂教学通过运用各种传感器和数字技术，对学习环境和学习者自身进行深度感知和智能调控，以实现个性化、智能化的教育教学。

首先，智慧课堂教学利用物理信息传感器、射频识别技术、全球定位系统等先进技术，对学习环境的物理特性进行实时监测和分析。这包括温度、湿度、亮度、嘈杂度等环境因素，这些因素都会影响到学生的学习效果。一旦环境参数超出预设范围，系统将自动启动调节设备，如空调、灯光等，为学生营造出一个舒适、适宜的学习环境。

其次，智慧课堂教学还关注学生的内在学习状态。通过高清摄像头、可穿戴设备、数字坐垫等设备，智慧课堂教学可以实时捕捉学生的状态特征信息，如表情、姿势、心率等。这些数据将为教师提供重要参考，帮助他们更好地了解学生的学习状态，从而针对性地调整教学策略，提高教学效果。此外，智慧课堂教学还具备数据分析功能。通过对海量数据的挖掘和分析，教师可以深入了解学生的学习习惯、兴趣爱好、学术成就等，为学生提供个性化的学习路径和资源推荐。这不仅有助于激发学生的学习兴趣，还能有效提升学生的学习自主性和成效。

在我国，智慧课堂教学的发展已经取得了显著成果。不仅是在课堂教育中，还是在在线教育领域，智慧课堂教学都展现出巨大的潜力和价值。它不仅有助于提高教育教学质量，还能为我国培养更多具备创新精神和实践能力的人才。未来，智慧课堂教学将继续发挥其优势，助力我国教育事业的繁荣和发展。

（三）数据驱动

智慧课堂教学的核心理念是"数据驱动"。这意味着我们需要借助各类设备与系统，采集教师、学生与学习环境中的全息数据。这些数据包括但不限于学生的学习行为、学习成绩、兴趣爱好、社交互动等，以及教师的教学方法、授课风格、教学成果等。通过对这些数据的挖掘和分析，我们可以构建出各教育主体的画像，深入了解校园的日常管理情况、学生的行为习惯与学习偏好、教师的授课风格与教学成效等。

数据驱动的智慧课堂教学具有以下几个特点。

（1）个性化教学。通过对学生学习数据的分析，教师可以更好地了解学生的学习需求，为学生提供个性化的教学方案。这有助于提高学生的学习兴趣和成效，实现教育公平。

（2）精准评估。借助大数据技术，教育工作者可以全面了解学生的学习进度、成果和薄弱环节，从而实现精准评估。这有助于及时调整教学策略，提高教学质量。

（3）优化管理。通过对校园管理数据的分析，教育部门可以深入了解学校的运行状况，为学校提供有针对性的管理建议。这有助于提高学校的管理水平，营造良好的教育环境。

（4）智能辅导。智能教育系统可以根据学生的学习需求，为学生提供实时的辅导和建议。这有助于学生在学习过程中克服困难，提高学习效果。

（5）科研支持。教育科研机构可以利用大数据技术，对教育教学现象进行深入研究，为教育改革和发展提供科学依据。

（6）高效服务。通过对教育服务数据的挖掘和分析，教育部门可以更好

第十章　中华优秀传统文化视野下高校英语专业教学的发展趋势

地了解社会需求，为学生和教师提供高效、优质的服务。

总之，智慧课堂教学以数据驱动为核心，致力于实现教育教学的个性化、精准化和智能化。在我国教育部门的积极推动下，智慧课堂教学的发展将不断深化，为提高我国教育质量、促进教育公平和培养创新型人才奠定坚实基础。

（四）人机协同

随着人工智能技术的迅猛发展，各类终端设备的智能水平不断提高，这不仅为人类带来了极大的便利，还极大地提高了工作效率。如今，人工智能已成为我们生活中不可或缺的一部分，它在教育领域的应用也日益广泛。人工智能与人类教师互补融合的协同工作方式已经成为智慧课堂教学的主要模式。

在这个模式下，机器可以完成诸多基础性、重复性和高计算量的工作，如数据统计与分析、学生学情反馈、低阶思维知识传授以及个性化资源推送等。这些功能不仅减轻了教师的工作负担，还为教育教学提供了更为丰富的资源和更为高效的方式。然而，机器无法完全替代人类教师，因为教师具有独特的思维能力和社会属性。

在学生的高阶思维能力培养方面，人类教师具有不可替代的作用。高阶思维能力是指超越基本知识技能的深层次思维，包括批判性思维、创新性思维和辩证性思维等。这种能力对于学生的综合素质和未来发展至关重要。人类教师通过启发式、探究式和讨论式的教学方法，引导学生发展高阶思维，而这是目前人工智能难以实现的。

此外，在非智力因素培养方面，人类教师也具有显著优势。非智力因素是指除智力因素之外的影响学生学习成绩和发展的因素，如情感、态度、动机等。人类教师具有丰富的情感和同理心，能够关注学生的个体差异，发现并解决学生在学习和生活中遇到的困难。而人工智能在这方面的能力相对有限，它无法像人类教师那样真正走进学生的内心世界，为学生提供心灵关怀。

三、高校英语专业教学中智慧课堂模式的应用

(一) 明确教学目标

高校英语专业教学目标设计是高校英语专业教学过程的第一步，也是至关重要的环节之一。它决定了高校英语专业教学的方向和重点，是教师和学生教与学活动的起点和终点。明确高校英语专业教学目标有助于教师和学生明确教学要求和标准，从而更好地实现高校英语专业教学目的。

在确定高校英语专业教学目标时，教师需要考虑国家课程规划和培养目标，结合教材内容和学生的学习特点进行具体化的设计。高校英语专业教学目标应该明确、具体、可操作性强，能够衡量和评估学生的英语学习成果。同时，高校英语专业教学目标的设计应该体现教育理念，注重学生的全面发展，培养学生的创新精神和实践能力。

通过明确高校英语专业教学目标，教师可以更有针对性地设计英语专业教学环节，选择合适的英语专业教学方法、教学策略和教学媒体，从而更好地帮助学生掌握英语知识和技能。同时，明确高校英语专业教学目标也有助于教师评估和改进英语专业教学质量，针对学生的英语学习成果进行反思和调整英语专业教学策略，以更好地实现英语专业教学目标。

(二) 激发学习动机

激发学习动机在高校英语专业教学过程中起着至关重要的作用，它不仅是教学过程中的基本环节之一，更是推动学生积极参与英语学习的关键因素。为了更好地激发学生的英语学习动机，教师可以采取以下几种方法：

（1）提出具有挑战性和吸引力的问题。挑战性和吸引力的问题能够引发学生的思考和兴趣，使他们在寻求答案的过程中产生学习的动力。教师在设计问题时要注意把握难度，既要让学生感到挑战，又要让他们有信心通过努力解决问题。

（2）创设成功机会。让学生在英语学习中取得成功，是激发他们学习动

机的重要途径。教师要关注每一个学生的进步，为他们提供展示自己才能的平台，使他们在英语学习中获得成功体验，从而增强学习动力。

（3）合理利用奖励和惩罚。奖励和惩罚是调控学生学习行为的重要手段。教师要善于运用奖励和惩罚，使学生在英语学习中产生积极的心理反馈。合理运用奖励能让学生感受到自己的努力得到了认可，从而激发他们继续努力；适度运用惩罚能让学生认识到自己的不足，从而激发他们改进的决心。

（三）感知教学内容

学生在对知识进行理解时，要以学生的感知和表象为基础，通过多样化的方式呈现材料，创造情境，将抽象知识与直观、生动的事实和形象有机结合起来，帮助学生理解知识。

（1）呈现材料的重要性。在高校英语专业教学过程中，教师需要提供多样化的材料和实例，帮助学生更好地理解英语知识。这些材料应该与学生的生活经验或感性知识相关，从而帮助他们正确地理解英语概念。

（2）创造情境的必要性。通过创造英语情境，教师可以帮助学生更好地理解和应用英语知识。情境可以是真实的或模拟的，可以让学生更好地融入英语学习过程中，增强他们的英语学习兴趣和动力。

（3）符号直观地结合。符号直观是指利用符号、图形、图表等工具来呈现知识。这些工具可以帮助学生更好地理解英语抽象的概念和关系，与物体的直观相结合，可以更好地促进学生的英语理解。

（4）学会自我探索。学生需要学会自己运用感官进行思维，逐步掌握英语教材。这需要教师在英语专业教学过程中给予学生足够的自主权和探索空间，鼓励他们主动思考、发现问题、解决问题。

（四）理解教学内容

在传统的高校英语专业教学过程中，教师往往只关注知识的传递和灌输，而忽略了学生对英语专业教学内容的理解和掌握。然而，现代的高校英语专业教学理念强调学生对英语专业教学内容的理解和掌握，注重学生的主体性和参与性。

理解高校英语专业教学内容是指学生在教师的指导下，通过对英语专业教学内容的感知、理解、巩固和应用等过程，逐步掌握所学知识，并能够将其应用于实际问题的解决中。这个过程是一个认知过程，需要学生积极主动地参与和思考，同时也需要教师提供适当的指导和支持。

为了帮助学生更好地理解高校英语专业教学内容，教师需要注意以下几点。

（1）明确教学目标。高校英语教师需要明确英语专业教学目标，确定高校英语专业教学内容的重点和难点，以及学生需要掌握的知识点和技能点。

（2）合理呈现教学内容。高校英语教师需要将教学内容以适当的方式呈现给学生，如讲解、演示、讨论、练习等。同时，教师需要注意学生的认知特点和兴趣爱好，通过多样化的英语专业教学方法去激发学生的学习兴趣。

（3）引导学生思考。在高校英语专业教学过程中，教师需要引导学生思考，启发学生发现问题、解决问题，并鼓励他们积极表达自己的想法和观点。

（4）及时反馈和调整。高校英语教师需要及时了解学生的学习情况，并给予反馈和指导，同时根据学生的反馈和表现，及时调整教学策略和方法，确保学生能够更好地掌握所学知识。

（五）巩固教学内容

巩固教学内容是高校学生学习过程中的重要环节，也是高校英语教师教学过程中需要关注的重要方面。巩固教学内容不仅可以帮助学生掌握所学知识，还可以促进他们的后续学习和发展。在高校英语专业教学过程中，教师可以通过以下方式来巩固教学内容。

（1）提出记忆要求。高校英语教师需要给学生提出一定的记忆要求，指导他们如何记忆所学知识。这可以通过课堂提问、家庭作业、考试等方式来实现。同时，高校英语教师还可以教授学生一些记忆技巧，如分类记忆、联想记忆等，帮助他们更好地记忆所学知识。

(2)及时复习。及时复习是巩固教学内容的重要手段之一。高校英语教师需要在课堂上留出一定的时间进行复习，或者安排一些课后复习作业，帮助学生及时巩固所学知识。同时，高校英语教师还可以教授学生一些复习方法，如分散复习、集中复习等，帮助他们更好地进行复习。

(3)练习巩固。高校英语教师可以通过布置练习题、练习册等方式来帮助学生进行练习巩固。同时，教师还可以通过组织实践活动、项目式学习等方式，让学生在实际操作中巩固所学知识。

(4)建立知识体系。高校英语教师可以通过引导学生建立知识体系，将所学知识进行归纳、分类、整理，帮助他们更好地掌握知识。这可以通过制作概念图、思维导图等方式来实现。

(5)督促自我复习。高校英语教师需要督促学生进行自我复习，通过复习可以使掌握的知识更加牢固。同时，高校英语教师也可以通过组织学生之间相互讨论等方式促进学生的自我复习和互相学习。

(六)运用教学内容

在运用知识的过程中，学生可以通过模仿性练习来初步掌握解决问题的技能和技巧。模仿是学习的重要方式之一，通过模仿教师可以帮助学生学会如何运用知识，并逐步提高技能水平。同时，高校英语教师还需要引导学生综合运用所学知识，鼓励他们在模仿中进行创新，以应对棘手的问题和突发事件。此外，知识的运用也可以深化学生对所学知识的理解，使他们能够更为自如地运用知识，做到举一反三。知识的运用和实践是促进技能形成的重要途径，通过不断的实践和反复练习，学生可以掌握更多的技能和技巧，并将英语应用于日常生活和社会实践中。

(七)测评教学效果

在教育信息化时代的高校英语专业教学中，教学效果的测评通常包括以下几个方面。

(1)观察学生的表现。高校英语教师可以通过观察学生在课堂上的表现，如回答问题、参与讨论、完成作业等情况，来了解学生对知识的掌握程度。

（2）提问和测试。高校英语教师可以设置一些问题或测试题，通过学生的回答情况来了解他们对知识的理解程度。

（3）考试评估。高校英语教师要定期进行考试，了解学生对知识的掌握情况，以及他们在解决问题和分析问题方面的能力。

（4）学生自我评估。高校英语教师要引导学生自我评估，让他们对自己的学习进度和掌握程度有更清晰地认识。

（5）教师反思和总结。根据学生的表现和评估结果，高校英语教师需要进行反思和总结，找出教学中存在的问题，并制定相应的改进措施。

通过以上环节，高校英语教师可以及时获取关于教学效果的反馈信息，从而调整教学策略和方法。同时，学生也可以通过教学测评，发现自己的不足之处，从而调整学习方法，提高学习效果。因此，测评教学效果是现代教学过程不可或缺的重要环节之一。

第三节　AI、AR、VR技术的应用

一、AI、AR、VR技术

（一）AI技术

人工智能（Artificial Intelligence，AI）作为一门学科，旨在研究、开发和实现使计算机具有智能行为的算法和技术。这一领域涉及计算机科学、心理学、神经科学、数学、工程学等多个学科，旨在使计算机能够模拟、理解和实现人类的智能。人工智能的内涵丰富多样，包括知识表示与推理、自然

第十章　中华优秀传统文化视野下高校英语专业教学的发展趋势

语言处理、机器学习、计算机视觉、智能控制等多个方面。

1. 知识表示与推理

知识表示与推理是人工智能研究的核心问题之一。它主要关注如何将人类的知识转化为计算机可以理解的形式，以及如何让计算机根据现有知识进行推理和解决问题。知识表示的方法包括谓词逻辑、框架理论、语义网络等。推理方法则包括基于逻辑的推理、基于搜索的推理、基于概率的推理等。

2. 自然语言处理

自然语言处理（Natural Language Processing，NLP）是人工智能的另一个重要分支。它研究如何让计算机理解和生成人类语言，涉及语法分析、语义分析、情感分析、机器翻译等多个领域。自然语言处理的目标是让计算机能够像人类一样进行自然语言沟通，实现人机交互的高效与自然。

3. 机器学习

机器学习（Machine Learning，ML）是人工智能领域的一个重要方向。它研究如何让计算机从数据中自动学习和提取规律，从而实现预测和分类等任务。机器学习方法包括监督学习、无监督学习、强化学习等。近年来，随着大数据技术和算力的提升，机器学习在许多领域取得了显著成果，如图像识别、语音识别、推荐系统等。

4. 计算机视觉

计算机视觉（Computer Vision，CV）是人工智能研究的一个重要领域，主要关注如何让计算机从图像或视频中获取有价值的信息。计算机视觉技术包括图像处理、目标检测、目标跟踪、场景理解等。在近年来，随着深度学习技术的发展，计算机视觉在许多应用场景中取得了突破性进展，如自动驾驶、人脸识别、医学影像分析等。

5. 智能控制

智能控制是人工智能在工程领域的一个重要应用，研究如何将人工智能技术应用于各类控制系统，以实现对复杂系统的智能调控。智能控制方法包括模糊控制、神经网络控制、遗传算法控制等。智能控制在工业、农业、医疗、交通等多个领域具有广泛的应用前景。

（二）AR技术

增强现实（Augmented Reality，AR）是一种革命性的技术，它将虚拟信息无缝融合到真实世界中，为用户提供沉浸式的交互体验。这项技术实时计算摄影机的位置和角度，并在真实场景中叠加相应的图像，使得用户能够感知原本不存在的信息。AR技术不仅丰富了我们的感知体验，还在教育、导航、娱乐等多个领域展现出巨大的潜力。

AR技术的核心特点之一是虚实结合。通过计算机技术生成图像信息，并将这些信息通过传感器映射到现实场景中的特定位置，通过屏幕呈现给用户。这种呈现方式将真实环境的实际存在与虚拟信息的灵活性相结合，不仅简化了传统场景构建的繁琐过程，还使得虚拟与现实之间的结合更加紧密。在教育领域，AR技术为教学资源的制作提供了更多样化的形式，拓宽了教学资源建立的渠道。例如，利用AR技术，教材中的图片可以被识别并转化为三维模型，学生可以通过调整模型在AR相机中的位置，实现实时、全方位的观察，从而培养空间思维能力。

另一个显著的特点是实时交互。AR技术能够将虚拟世界与现实世界实时同步，使用户能够在AR构建的世界中实时交互。例如，导航APP中的AR导航功能允许用户通过智能移动设备旋转位置或进行其他触屏操作，获得道路的指引信息。这种实时交互的实现依赖于"三维准配"技术，即随着设备移动或转动，所获得现实图像视野发生变化，AR所生成的信息也随之变化。这种交互特征使得教学过程中的互动更加自然和直观，有助于提高学生的专注度和学习效果。

最后，AR技术还带来了沉浸式体验。这种体验让用户仿佛置身于一个真实而难以分辨的虚拟世界中，使得学习过程更加生动和有趣。对于教学而言，创造一个让学生专注学习的情境至关重要。传统的情景式教学法往往需要教师通过图像、视频、语言描述等方式来构造学习情景，而AR技术则能够构造更加直观、逼真的学习情景，免去了传统方式构造的学习情景进入学生思维二次加工的步骤。这种沉浸式体验有助于提高学生的学习专注度，使

第十章　中华优秀传统文化视野下高校英语专业教学的发展趋势

他们更容易进入心流的学习状态。

（三）VR技术

虚拟现实（Virtual Reality，VR），这一充满未来感的科技名词，自20世纪诞生以来，便以其独特的魅力引领着科技潮流。作为计算机网络技术的一颗璀璨明珠，VR技术通过数字的方式，构建出一个与真实世界高度相似的虚拟空间，让人们在其中沉浸、体验、感知。

VR技术的核心在于它运用了计算机技术、电子信息技术、虚拟仿真技术等多领域的知识与技术，创造出一个超越现实的虚拟世界。在这个世界里，人们可以通过头戴式显示器、手柄等交互设备，与虚拟世界进行互动，获得前所未有的沉浸式体验。无论是探险游戏、教育培训、建筑设计还是医疗康复等领域，VR技术都展现出了巨大的应用潜力。

随着科学技术的不断进步，VR技术也在迅速发展。从最初的简单模拟，到如今的高清画质、精准定位、自然交互，VR技术不断突破自身的局限，为用户带来更加逼真的虚拟体验。在这一过程中，计算机视觉、声音学、人机交互等领域的研究成果都为VR技术的进步提供了有力支持。

VR技术的应用领域也在不断扩大。在游戏产业，VR游戏以其独特的沉浸式体验吸引了大量玩家；在教育培训领域，VR技术为学生提供了更加直观、生动的学习方式；在建筑设计领域，VR技术让设计师能够在虚拟空间中自由构建、调整设计方案；在医疗康复领域，VR技术为患者提供了更加安全、有效的康复手段。

值得一提的是，VR技术的发展也带动了相关产业的繁荣。从硬件设备的生产到软件开发、内容创作，VR产业链不断完善，为经济增长注入了新的活力。同时，VR技术还促进了跨领域的合作与创新，为科技进步和社会发展带来了更多可能性。

总之，虚拟现实技术作为20世纪的一项重大科技发明，已经深刻改变了我们的生活方式和认知方式。随着技术的不断进步和应用领域的拓展，VR技术将继续为人类带来更加丰富多彩的虚拟世界体验，开启全新的感知世界之旅。我们有理由相信，在不远的未来，VR技术将成为科技领域的风向标，引领我们走向一个更加美好的明天。

虚拟现实技术的特征主要包括以下几个方面。

1.沉浸感

虚拟现实技术可以生成一种逼真的三维虚拟环境，用户可以通过头戴式显示器、手柄等设备进行操作，仿佛身临其境地进入这个虚拟世界。这种沉浸感可以让用户完全沉浸在虚拟环境中，专注于与虚拟物体的交互和体验，而忽略了现实世界中的干扰和影响。

2.交互性

虚拟现实技术允许用户与虚拟环境进行自然交互，用户可以通过手势、头部转动、身体移动等动作来操作虚拟物体，同时得到相应的反馈，如物体的形状、大小、重量等感官体验。这种交互性使得用户能够更加真实地感受到自己与虚拟环境的联系和互动。

3.想象性

虚拟现实技术可以激发用户的想象力和创造力，用户可以在虚拟环境中进行探索和学习，获取新的知识和技能。同时，虚拟现实技术还可以通过模拟现实生活中的场景和事件，帮助用户更好地理解和掌握现实世界中的知识和技能。

4.多感知性

虚拟现实技术可以提供多种感知体验，包括视觉、听觉、触觉、味觉等感官体验。用户可以通过头戴式显示器、手柄等设备感受到虚拟环境中的视觉和听觉刺激，同时还可以通过手柄等设备感受到虚拟物体的大小、形状、重量等物理属性。这种多感知性可以让用户更加真实地感受到自己与虚拟环境的联系和互动。

5.存在感

虚拟现实技术可以让用户感到作为主角存在于模拟环境中的真实程度。这种存在感可以让用户更加深入地参与到虚拟环境中，感受到自己在虚拟世界中的存在和影响力。

二、AI、AR、VR技术在高校英语专业教学中的应用

（一）AI技术在高校英语专业教学中的应用

人工智能在高校英语专业教学的应用已经逐渐普及，并带来了许多创新和改变。以下是一些主要的应用方面。

1.自适应教育

自适应教育是人工智能在高校英语专业教学的重要应用之一。它通过分析学生的学习情况和需求，自动调整教学策略和内容，以提供更加个性化的学习体验。这种教育方式可以更好地满足学生的需求，提高学习效果。

2.智能辅助教学

智能辅助教学是一种利用人工智能技术来辅助教师进行高校英语专业教学的方式。它可以自动生成教学计划、提供学习资源、评估学生的学习成果等。这种辅助教学方式可以提高教师的教学效率和质量，同时也可以帮助学生更好地理解和掌握知识。

3.机器学习平台

机器学习平台是一种利用人工智能技术来提供学习支持的方式。它可以为学生提供大量的翻译学习资源和在线课程，同时也可以根据学生的学习情况和需求，提供更加个性化的学习建议和指导。

4.智能评估和反馈

智能评估和反馈是人工智能在高校英语专业教学的另一个应用。它可以对学生的作业、考试等学习成果进行自动评估和反馈，同时也可以根据学生的学习情况和表现，提供更加个性化的学习建议和指导。

5.智能教育资源

智能教育资源是一种利用人工智能技术来管理和优化教育资源的方式。它可以为学生和教师提供更加便捷、高效的英语翻译资源获取方式，同时也可以根据学生的学习情况和需求，提供更加个性化的学习建议和指导。

（二）AR技术在高校英语专业教学中的应用

AR技术在高校英语专业教学中的具体应用为教师和学生提供了一种全新而富有创意的教学和学习工具。它不仅为学生创造了一个更加真实和互动的学习环境，也进一步提高了教学质量和学习效率。

1.词汇学习方面

在词汇学习的广阔天地中，AR技术以其独特的魅力，为学习过程注入了新的活力。通过将英语单词和短语以三维的形式呈现在学生面前，AR技术让学生能够通过直观的方式理解单词的含义和用法，这无疑为词汇学习带来了革命性的变革。

例如，当我们正在学习关于动物或植物的词汇时，不再是单调乏味的书本知识，而是通过AR设备使真实的动物或植物模型跃然眼前。我们可以看到一只栩栩如生的狮子，或者是一朵盛开的玫瑰。这种沉浸式的体验让学生仿佛置身于大自然之中，与这些生物亲密接触，从而更加深入地理解单词所代表的含义。不仅如此，AR技术还能为学生提供与单词相关的例句和翻译。例如，当你看到一只狮子时，屏幕上会显示出lion这个单词，并伴随着一句例句："The lion is the king of the jungle."（狮子是丛林之王。）这样的设计不仅帮助学生记住单词的拼写和发音，还能让他们理解单词在实际语境中的运用。这种利用AR技术进行词汇学习的方式，不仅增加了学习的趣味性，也显著提高了学生的学习效果。与传统的词汇学习方式相比，AR技术所带来的沉浸式体验让学生更加投入，更加愿意主动探索和学习。同时，通过直观的方式理解单词的含义和用法，学生更容易形成深刻的印象，从而更好地记忆和运用这些词汇。

当然，AR技术在词汇学习中的应用还有很大的发展空间。例如，我们可以设想一种更高级的AR应用，它不仅能够呈现出三维的动物或植物模型，还能够模拟出这些生物的行为和声音，让学生在多个感官上得到全面的体验。此外，AR技术还可以结合语音识别和人工智能技术，让学生在与虚拟生物的互动中练习发音和口语表达。

第十章　中华优秀传统文化视野下高校英语专业教学的发展趋势

2.语法和句子结构的学习方面

在现代教育技术的浪潮中，AR技术以其独特的魅力，为语言学习，尤其是英语语法和句子结构的学习，带来了革命性的变革。借助AR技术，我们可以构建一个生动、真实的虚拟英语环境，让学生沉浸其中，仿佛置身于真实的英语对话场景中。

通过佩戴AR眼镜，学生进入了一个充满异国风情的英语世界。在这个世界里，他们可以遇到各种各样的英语母语者，与他们进行实时的对话交流。这些对话场景丰富多样，可以涵盖日常生活中的各个方面，如购物、旅行、工作、学习等。学生在与这些虚拟角色的互动中，不仅能够锻炼自己的听说读写能力，还能深入了解英语国家的文化和习俗。

更重要的是，AR技术能够即时显示学生在对话中出现的语法错误和句子结构问题。通过先进的自然语言处理技术，AR系统可以准确地识别出学生的语言错误，并在屏幕上以醒目的方式显示出来。同时，系统还会提供正确的修改建议，帮助学生纠正错误，掌握正确的语法和句子结构。

这种学习方式的优势在于，它将传统的课堂教学与现代化的技术手段相结合，让学生在实践中学习和掌握英语翻译的技巧。与传统的课堂教学相比，AR技术为学生提供了更多的实践机会和更及时的反馈，使他们能够在不断尝试和修正中提高自己的英语水平。

此外，AR技术还能激发学生的学习兴趣和动力。通过构建生动有趣的虚拟环境，AR技术可以让学生感受到英语学习的乐趣和实用性，从而更加主动地投入到学习中去。这种积极主动的学习态度，对于提高学生的英语水平和培养终身学习的习惯具有重要意义。

3.用于辅助学生进行英语阅读和写作训练

随着科技的快速发展，AR技术已经在多个领域得到了广泛的应用。而在教育领域，AR技术也展现出了其独特的魅力和潜力，特别是在英语阅读和写作训练方面，AR技术的应用不仅可以提升学生的学习体验，还能有效提高他们的学习效率。

在阅读方面，传统的英文原著阅读往往需要学生具备一定的词汇量和背景知识，这对于许多初学者来说是一个巨大的挑战。而借助AR技术，学生可以通过头戴式设备或者平板电脑，以全新的视角体验英文原著的魅力。AR设备能够将原著中的场景、人物以三维的形式呈现在学生面前，让他们仿佛置身于故事的世界中。同时，通过AR设备的交互功能，学生可以轻松获取到相关的背景知识、生词解释等，这不仅能够降低阅读难度，还能激发他们对英语学习的兴趣。

例如，当学生在阅读一部关于中世纪的英文小说时，AR设备可以将小说中的城堡、骑士、宫廷等场景以三维的形式展现出来。学生可以通过点击或触摸屏幕，查看相关的背景知识，了解中世纪的社会制度、风俗习惯等。这样的阅读体验不仅让学生更加深入地理解故事情节，还能拓宽他们的知识视野。

在写作方面，AR技术同样能够发挥巨大的作用。传统的写作训练往往局限于纸笔或电脑，学生很难感受到真实的写作场景。而借助AR技术，学生可以进入一个虚拟的写作环境，模拟真实的写作场景，如写作邮件、论文、新闻报道等。在这个虚拟环境中，学生可以根据自己的需求选择不同的写作工具和模板，甚至可以与虚拟人物进行对话，获取写作灵感。

更重要的是，AR设备还可以提供实时语法检查、拼写检查、句式优化等功能。这些功能可以帮助学生在写作过程中及时纠正错误，提高写作质量。同时，AR设备还能根据学生的写作风格和水平，提供个性化的建议和指导，帮助他们更好地提升自己的写作水平。

4.用于模拟国际会议和商务谈判等场景

随着科技的飞速发展，AR技术已经逐渐渗透到我们生活的方方面面。在教育领域，AR技术的应用更是为学习带来了革命性的变革。特别是在模拟国际会议和商务谈判等场景中，AR技术可以让学生身临其境地参与角色扮演和模拟实践，从而更加深入地了解英语在国际交流中的重要性和应用价值。

（1）模拟国际会议：在实践中提升英语交流能力

利用AR技术，教育者可以为学生构建一个高度逼真的国际会议场景。在这个虚拟环境中，学生将扮演来自不同国家的代表，围绕某个议题展开激烈的讨论。这样的模拟实践不仅让学生有机会运用英语进行实际交流，还能

第十章　中华优秀传统文化视野下高校英语专业教学的发展趋势

让他们深刻体会到在国际舞台上，英语作为一种通用语言的重要性。

通过模拟国际会议，学生可以锻炼自己的英语听力、口语和表达能力。在与其他国家代表交流的过程中，他们需要迅速理解对方的观点，并用英语进行有效回应。同时，他们还需要学会如何在多元文化背景下表达自己的立场，这对于培养他们的跨文化交际能力至关重要。

（2）模拟商务谈判：提升英语应用技能

除了模拟国际会议，AR技术还可以用于模拟商务谈判场景。在这个场景中，学生将扮演谈判双方的代表，就某个商业项目或合作事宜展开磋商。这样的模拟实践不仅让学生有机会运用英语进行商务沟通，还能让他们了解到在实际谈判中，如何运用英语来争取自己的利益。

通过模拟商务谈判，学生可以更加深入地了解英语在商务领域的应用价值。他们需要学会如何用英语准确地表达自己的需求、分析对方的立场，以及提出合理的解决方案。此外，他们还需要学会如何在谈判中保持礼貌和尊重，这对于建立长期的商业合作关系至关重要。

AR技术在模拟国际会议和商务谈判等场景中的应用具有显著优势。首先，它为学生提供了一个高度逼真的虚拟环境，让他们能够在实践中锻炼自己的英语翻译能力和跨文化交际能力。其次，AR技术还具有高度的灵活性和可定制性，教育者可以根据学生的需求和水平调整模拟场景的难度和复杂度。

然而，AR技术的应用也面临着一些挑战。首先，设备的成本和技术门槛可能会限制其在教育领域的普及和应用。其次，虽然AR技术能够为学生提供丰富的模拟实践机会，但它无法完全替代真实的国际会议和商务谈判经验。因此，教育者需要在使用AR技术的同时，结合其他教学方法和手段，为学生提供更加全面和深入的学习体验。

（三）VR技术在高校英语专业教学中的应用

VR技术在高校英语专业教学中的具体应用，为这一传统领域注入了新的活力。借助先进的VR技术，教师能够为学生创造一个沉浸式的语言学习环境，从而极大地提升他们的翻译技能和跨文化交流能力。

1.为学生模拟出真实的语言环境

在传统的专业教学中，学生往往只能通过教材和教师的讲解来学习语言知识。然而，这种方式往往无法让学生真正感受到语言的实际运用。而通过VR技术，学生可以进入到一个虚拟的语言环境中，与虚拟人物进行实时的对话和交流，从而更加深入地了解语言的使用方式和文化背景。

2.用于模拟翻译场景

在翻译过程中，译者需要面对各种复杂的场景和语境。通过VR技术，教师可以为学生模拟出这些场景，让他们在实际操作中学习如何根据不同的场景和语境进行准确的翻译。这不仅可以提高学生的翻译技能，还可以让他们更好地理解翻译的实际应用场景。

3.为学生提供更加丰富的学习资源

在传统的专业教学中，学生的学习资源主要局限于教材和教师的讲解。然而，通过VR技术，学生可以进入到一个虚拟的图书馆或资料库中，随时查阅各种相关的学习资料和信息。这不仅可以扩大学生的知识面，还可以提高他们的自主学习能力。

第四节　学生知识图谱的构建

一、学生知识图谱

在数字化时代，知识不再局限于传统的教科书和图书馆，而是无处不在，无时不有。为了更好地帮助学生有效地组织、管理和利用这些分散的知识，我们提出了"学生知识图谱"的概念。学生知识图谱是一个基于大数据和人工智能技术的知识组织工具，它能够帮助学生将学习过程中的碎片化知

第十章　中华优秀传统文化视野下高校英语专业教学的发展趋势

识进行系统化、结构化的整合，形成一张完整的、互联互通的知识网络。

学生知识图谱的构建基于大量的学习数据和学生的行为数据，通过自然语言处理、数据挖掘等技术，从大量的信息中提取出关键的知识点和概念，建立起知识点之间的关系，形成一张庞大的知识图谱。这张图谱不仅包含了学科内的知识，还涵盖了跨学科的知识，使得学生能够在一个统一的平台上进行跨学科的学习和探索。

对于学生而言，学生知识图谱的引入将极大地提升他们的学习效率和学习体验。首先，通过知识图谱，学生能够清晰地看到各个知识点之间的联系和脉络，从而更好地理解和掌握知识。其次，知识图谱还能够帮助学生进行个性化的学习路径规划，根据学生的兴趣和能力推荐适合的学习资源和路径。最后，知识图谱还能够记录学生的学习轨迹和成果，为学生的学习评估和反馈提供有力的支持。

然而，学生知识图谱的建设并非一蹴而就的事情。它需要教育机构、教师、学生等多方面的合作和参与，共同构建一个开放、共享、可持续的知识生态系统。同时，也需要技术的不断发展和创新，以满足学生日益增长的学习需求和期望。

二、在高校英语专业教学中学生知识图谱的应用

随着信息技术的快速发展，知识图谱作为一种重要的知识表示和推理工具，逐渐在教育领域得到广泛应用。在高校英语专业教学中，学生知识图谱的应用不仅可以提高教学效果，还能帮助学生更好地掌握英语知识，提升语言应用能力。

首先，学生知识图谱的应用有助于实现个性化教学。通过分析学生的知识结构和兴趣爱好，教师可以为学生量身定制个性化的教学方案，满足学生的不同需求。例如，对于英语基础薄弱的学生，教师可以设计更加基础的教学内容和练习，帮助他们逐步提高英语水平；对于英语基础较好的学生，教师可以设计更具挑战性的教学内容和练习，激发他们的求知欲和创新能力。

其次，学生知识图谱的应用有助于提高教学效率。通过分析学生的知识

图谱，教师可以快速了解学生对知识的掌握情况，及时发现学生的知识漏洞和薄弱环节，从而有针对性地进行教学。同时，学生知识图谱还可以帮助教师预测学生的学习进展和可能出现的问题，从而提前采取措施进行干预和指导。这种精准化的教学方式可以大大提高教学效率，缩短教学周期，提高学生的学习效果。

此外，学生知识图谱的应用还有助于培养学生的自主学习能力。通过构建学生知识图谱，学生可以清晰地了解自己的知识结构和不足之处，从而有针对性地进行自主学习和补充。同时，学生知识图谱还可以帮助学生建立知识之间的联系和关联，形成完整的知识体系，提高知识的综合运用能力。这种自主学习的方式可以培养学生的自主学习意识和能力，为他们的未来发展打下坚实的基础。

参考文献

[1]包小丽.混合式学习在高校英语专业教学中的应用研究[M].北京：现代出版社，2020.

[2]蔡基刚.新时代视野下专门用途英语教学研究40年回顾、反思与对策[M].上海：复旦大学出版社，2019.

[3]岑海兵，陈曼.地方高校英语类专业教学改革与实践探索[M].武汉：武汉大学出版社，2022.

[4]陈素花.专门用途英语理论应用与实践[M].厦门：厦门大学出版社，2018.

[5]高彤彤.专门用途英语ESP课程建设及教学模式研究[M].北京：北京工业大学出版社，2021.

[6]李超慧.高校英语专业基础英语课堂教学探究[M].长春：吉林出版集团股份有限公司，2021.

[7]李慧君.高校专门用途英语教学理论与实践[M].长春：吉林人民出版社，2017.

[8]唐昀.智慧时代下的专门用途英语教学研究[M].长春：吉林人民出版社，2020.

[9]王静.高校英语专业阅读与写作教学研究[M].天津：天津科学技术出版社，2020.

[10]王歆.大学专门用途英语课程教学设计研究[M].北京：北京工业大学

出版社，2021.

[11]王艳梅，刘鹏伟，刘晓玲.语言学视角下的高校英语专业教学研究[M].长春：吉林出版集团股份有限公司，2021.

[12]徐丽丽.高校英语专业课程体系构建与教学改革研究[M].北京：中国书籍出版社，2023.

[13]俞丽芳.基于应用型外语人才培养的专门用途英语ESP教学探析[M].成都：电子科技大学出版社，2018.

[14]张健.高校英语专业翻译教学探索教与学[M].北京：中国政法大学出版社，2014.

[15]张萍.英语专业阅读能力标准研究[M].沈阳：辽宁人民出版社，2019.

[16]曾倩.中华优秀传统文化融入高校英语教学的路径研究[J].湖南广播电视大学学报，2023，（01）：45-49.

[17]陈桔华.高校外语专业教学与中华优秀传统文化教育深度融合的可行路径研究[J].海外英语，2020，（09）：36-37.

[18]高梦尧.英语专业教学中"中华优秀传统文化"导入现状及对策研究[J].兰州教育学院学报，2017，33（03）：137-138+140.

[19]郭华.中华民族优秀传统文化元素融入高校英语教学的研究[J].中国校外教育，2020，（21）：69+73.

[20]姜妮.中华优秀传统文化融入高校英语教学的思考[J].青岛职业技术学院学报，2021，34（03）：57-60.

[21]李芹.中华优秀传统文化融入高校英语教学的策略探究[J].纺织服装教育，2022，37（04）：372-375.

[22]李小玲，李丽.文化自信视域下中华优秀传统文化融入高校英语教学的路径研究[J].中国多媒体与网络教学学报（上旬刊），2023，（09）：205-208.

[23]李玉凤.中华优秀传统文化融入高校英语教学的价值意蕴、现实困境与实践路径[J].太原城市职业技术学院学报，2023，（10）：165-167.

[24]刘敏.新文科背景下中华优秀传统文化融入高校英语专业教学研究[J].广西教育，2021，（31）：141-144.

[25]荣先先.中华优秀传统文化融入高校英语教学的时代价值与路径探索

[J].英语广场，2022，(33)：111-114.

[26]王芳.融合中华优秀传统文化的高校英语专业人才文化自信培养路径研究[J].才智，2023，(28)：161-164.

[28]颜凡博.中华优秀传统文化在高校英语教学中的传承[J].校园英语，2023，(19)：51-53.

[29]尹殿元.浅论高校英语教学中如何弘扬中华优秀传统文化[J].区域文化艺术研究，2022，(01)：72-75.

[30]张浩.中华优秀传统文化在高校英语教学中的渗透[J].校园英语，2023，(09)：130-132.